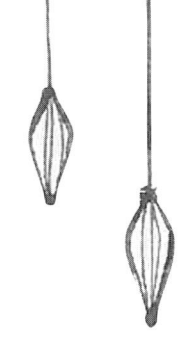

やさしい
インテリアコーディネート

宮後 浩 著
Hiroshi MIYAGO

はじめに

　インテリア・建築業界で仕事をするようになって、40年の月日が過ぎました。夢と希望に満ち満ちた駆け出し時代を振り返ると、それなりに大変だったけれど、とても楽しかったなと思います。そしてそれとは別の意味で、40年が過ぎようとしている今もまた、幸せだなと感じます。この業界で仕事を通してさまざまな人と出会い、いろいろなことを学び、そして今度はそれを伝えることができる・・・、こんな幸せなことはないと思うのです。

　私は、今、学校も運営していますし、声をかけていただいた際には、講師として企業や学校にも出向くことがあります。そこで出会う、きらきらとした新人の方、これからインテリア・建築業界を目指す方々の夢や希望に触れるにつけ、頑張ってほしいと願うと同時に、私自身もまだまだ頑張ろうという気持ちに立ち返ることができます。

　今回のこのインテリアコーディネートの基礎となる書籍の出版についても、そんな思いから始まったことでした。この書籍が皆さんのお手元で、夢と希望をかなえる手助けとなることを願っております。

著者　宮後　浩

◆協力　　　社団法人インテリア産業協会関西支部
◆協力企業　本文中の画像をご提供いただきました（A～Iは画像提供略記）。
・コイズミ照明株式会社 A　・大光電機株式会社 B　・大建工業株式会社 C　・株式会社サンゲツ D　・株式会社INAX E
・トステム株式会社 F　・トーソー株式会社 G　・株式会社スミノエ H　・アイカ工業株式会社 I

目次

はじめに ……………………………………………… 2

1 インテリアコーディネートとは　4
　住宅とは何か ……………………………………… 4
　インテリアとは何か ……………………………… 5
　インテリアに必要な要素 ………………………… 6

2 インテリアイメージと色彩　7
　イメージスケール ………………………………… 7
　コーディネートのための色彩 …………………… 8
　色で感じるイメージ ……………………………… 10
　イメージする言葉と色／形 ……………………… 11
　カラーコーディネートの法則 …………………… 13
　カラーコーディネートする手順 ………………… 15
　カラーコーディネートの法則例 ………………… 16

3 インテリアを構成するもの　17
　空間要素 …………………………………………… 17
　物的要素 …………………………………………… 17

4 空間デザインとは何か　19
　仕事の流れ ………………………………………… 19
　プレゼンテーションに必要なツール …………… 20
　インテリアの構成 ………………………………… 22

5 インテリアを構成する建築材料　29
　インテリアにまつわる建築材料 ………………… 30
　仕上げ材の種類 …………………………………… 37
　材料見本 …………………………………………… 40

6 インテリアエレメント　45
　ウィンドウトリートメント ……………………… 45
　床の質感、アクセント …………………………… 48

7 家具・アクセサリー　50
　家具の歴史 ………………………………………… 50
　有名な家具 ………………………………………… 53
　観葉植物 …………………………………………… 55
　和のテイスト ……………………………………… 56
　インテリアにおけるサイズ ……………………… 57
　覚えておきたい家具の基本サイズ ……………… 58
　レイアウト集 ……………………………………… 59

8 キッチンの設備　61

9 照明　62
　照明の種類と照明範囲の目安 …………………… 62
　光源の違い ………………………………………… 64
　電球の種類 ………………………………………… 65

10 プラン・コーディネートのテクニック　66
　レイアウトのコツ 〈リビング〉 ………………… 66
　　　〃　　　　　〈ダイニング〉 ……………… 67
　　　〃　　　　　〈ベッドルーム〉 …………… 68
　　　〃　　　　　〈子供部屋〉 ………………… 69
　　　〃　　　　　〈書斎〉 ……………………… 69

11 プレゼンテクニック　70
　プレゼンの重要性 ………………………………… 70
　プレゼンテーションツールの種類 ……………… 71
　　イメージボード / パース / カラースキーム
　　模型 / ＣＧ
　その他　インテリアグリーン …………………… 79

おわりに ……………………………………………… 80

1 インテリアコディネートとは

■ 住宅とは何か

　昔、義務教育のなかで、日本で最初の家は竪穴式住居だと教わったと記憶しています。建築という呼び名が登場するのは、かなりの年月を経過してからですが、建築の存在はその頃から、きちんと調べればもっと前からあったのかもしれません。住宅とは、最初は雨露をしのぐ家をつくることを意味し、地域の気候や習慣などを反映しながら、住みやすく使いやすいものをつくっていったはずです。

　そして次第に、個人の家だけでなく、効率よく狭い場所にたくさんの人が住める集合住宅などが登場します。

　ただ変わらないのは、使いやすさ、住みやすさ…、暮らしの見える場所であるということです。どんなにデザイン性に富んだものでも暮らしにくいものは、単なる箱に過ぎません。住宅・インテリア業界で仕事に携わるからには、箱をつくるのではなく、人がそこに存在することを意識すること、これをまず覚えておくことが必要です。

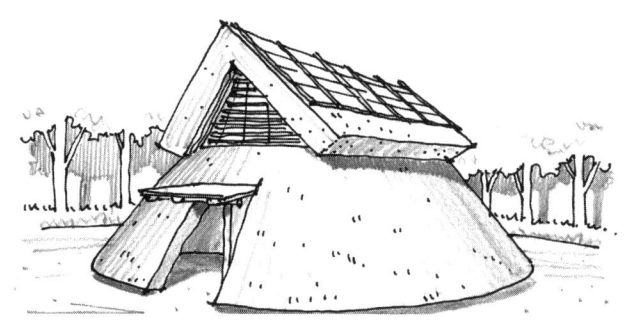
竪穴式住居

集合住宅

戸建住宅

インテリア

■ インテリアとは何か

　人が存在することを意識した住宅を一歩進めて、インテリアについて考えます。インテリアとは何か。それは、人を直接的に意識して、空間の使い方を見い出すことだといえます。

　仕事としてインテリアに携わるには、自分の心地よい暮らしを見直すことも１つの方法でしょう。

　どんな雰囲気の家に住みたいのか、住まう人の趣味・嗜好、そして家にいる時間帯、何をしていることが多いのか、さまざまな個人的な欲求がかかわってきます。

モダンスタイル[A]

ナチュラルスタイル[A]

クラシックスタイル[A]

和風スタイル[B]

■ インテリアに必要な要素

　個人的な欲求、クライアントの要望以外に、インテリアに必要な基本的な要素、つまり考えるべき項目というものがあります。

人の要素（クライアントの要望）
家族構成、年齢、職業、趣味、生活スタイルなど、住まう人の要望をかなえるものでなければなりません。
そのためには、家族全員の状況をしっかり把握してプラン作成にのぞむことが大切です。

感性（デザイン要素）
スペースをどう感じるか…、心理的な要素は非常に重要です。広さ、素材の色などに、十分な配慮が必要です。

経済性（コスト）
どんなにすばらしいプランであっても、実生活にコストがかかりすぎる住まいや、クライアントの予算を超えた施工価格になるものは避けねばなりません。

環境（立地条件）
人の生活は立地条件によって少なからず影響を受けるものです。自然あふれる山中と都会の真ん中、常夏の南の島と雪深い北国では使用材料も変わります。入念な配慮が必要な項目です。

機能性（快適空間）
世間一般的に便利そう、機能的というのではなく、クライアントの求める機能性をさぐることが大切です。設備機器や間取りも、使う人の要求を把握して決定しましょう。

建築構造
戸建てか集合住宅か、木造か鉄筋コンクリート造か、構造は、すべての要素に影響します。十分な検討が必要な要素です。

2 インテリアイメージと色彩

「コーディネート」は、イメージづくりということができます。そう考えて部屋や家を見ていると、建築物全体も1つ1つの部屋も、それなりのイメージを持っていることに気がつくはずです。

■ イメージスケール（イメージする言葉の分布）

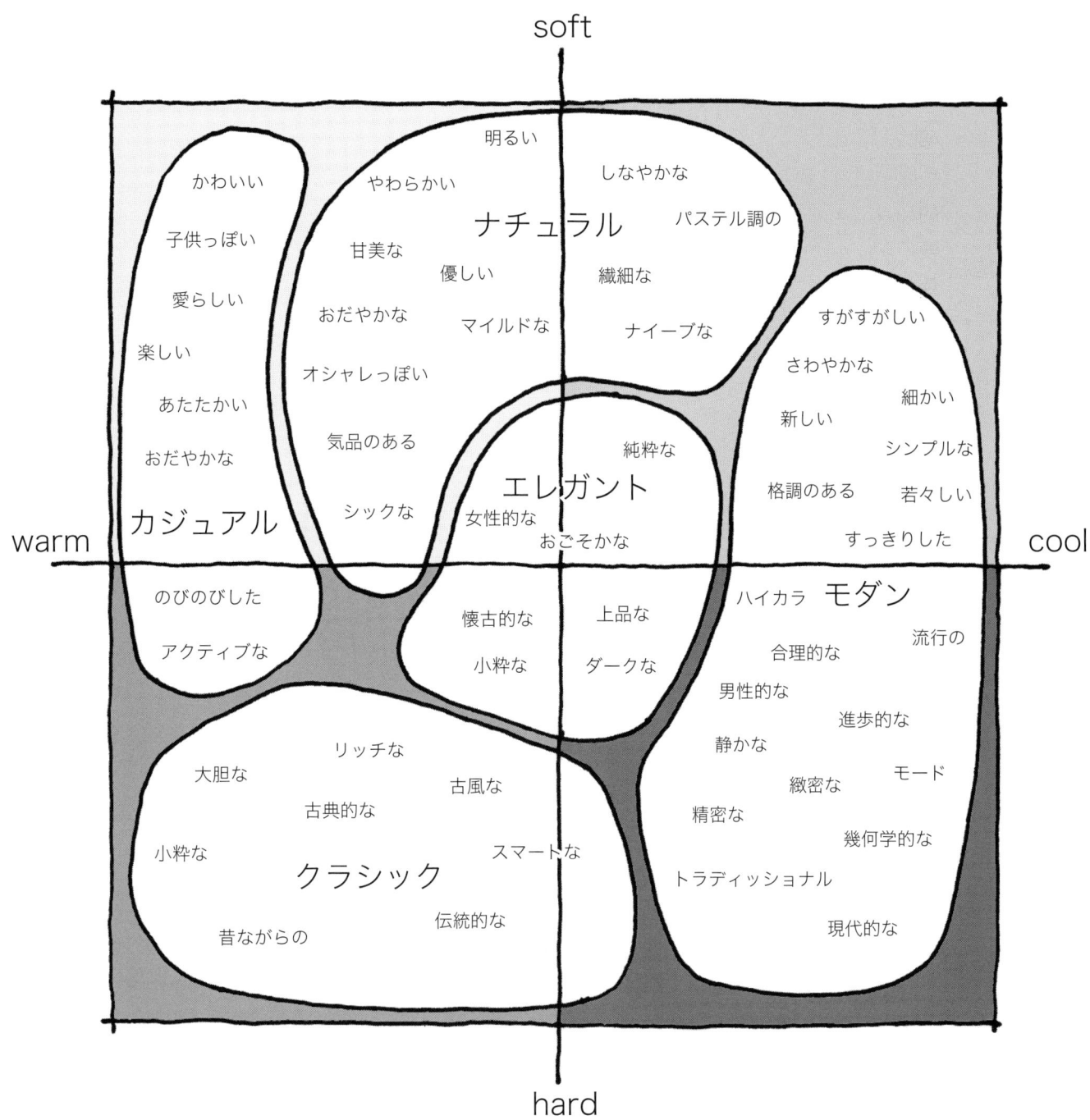

■ コーディネートのための色彩

◀ 1 ▶ カラーコーディネートの基礎用語を覚えよう

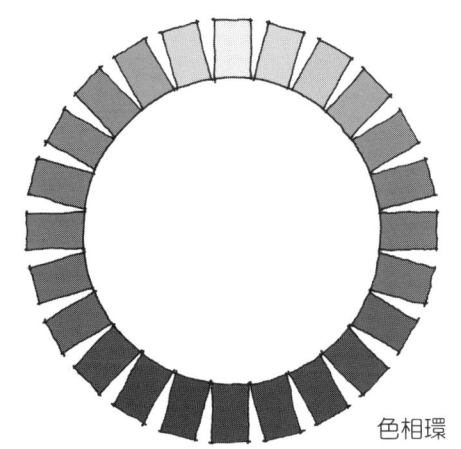
色相環

色には重要な原則がありますが、まず覚えたいのは、色相（色）の法則。基本となるのは、色相環と呼ばれる色の度合いを表わすサークルです。これを基準にコーディネートすればとっても簡単！

色相環の上で対極に位置する色は、対比色（補色）といわれ、2つを合わせるとコントラストが際立ったコーディネートになります。

色相環の上でグループが同様の色、つまり同系色の色は、2つを合わせると、まとまりのいい落ち着いたコーディネートになります。

コーディネートの基礎と共に、その用語をきちんと覚えておきましょう。必ず役に立つはずです。

①モノクロ

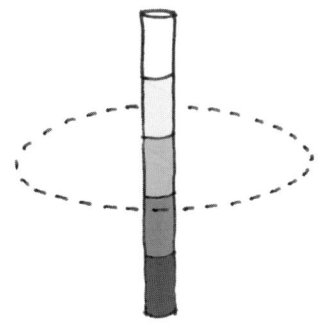

モノクロームの略。無彩色で白と黒のトーンだけで表現するので、色彩はありません。

④ダイレクトコンプリメンタリー

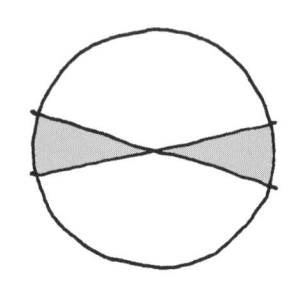

反対色でのコーディネート。色相環上で、ほぼ対極にある色の組み合わせ。

②モノトーン

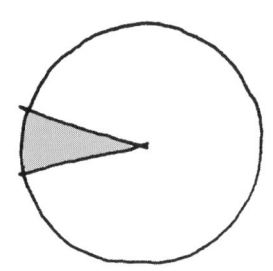

1つの色をトーンだけ、つまり明暗だけで表現するもの。

⑤スプリットコンプリメンタリー

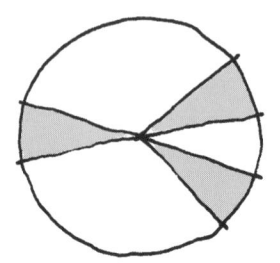

反対色の両隣との構成。アクセントをつけたコーディネート。

③アナロガス

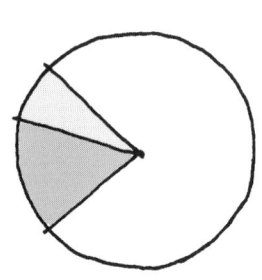

同類色でのコーディネート。同系色と呼ばれる色でまとまったもの。

⑥トライアド

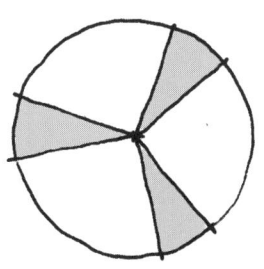

色相環上で、等間隔に離れた3つの組み合わせ。

◀ 2 ▶ 色の3属性を覚えよう

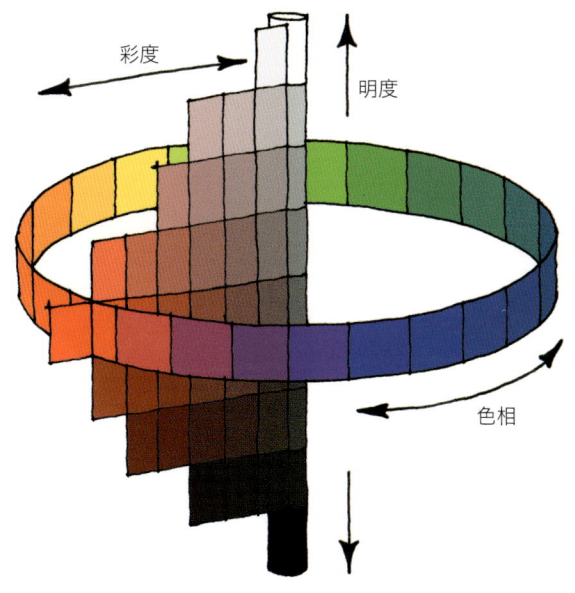

色立体

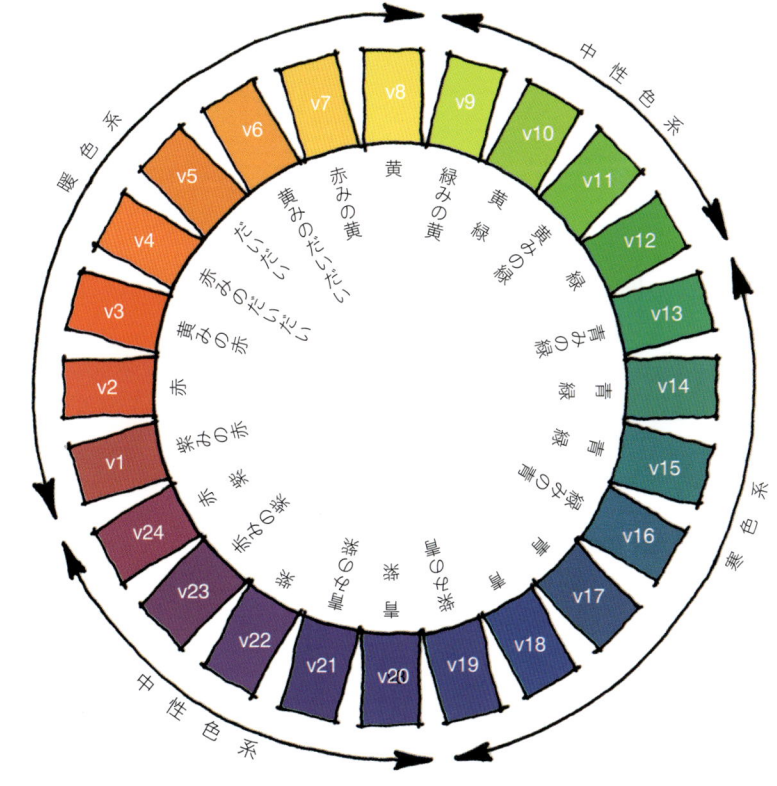

色相環　この色相環はPCCSという表色系のものです。

● 色の表し方

　色を言葉で表わすのは難しいもの。人それぞれ感じ方が違うので、伝わり方が異なることがあります。そこで色を正確に表わすのに色の三属性を使用します。

　三属性の特性を、決められた数字やアルファベットを使って表記することによって、特定の色を表わすことができます。

色相 ……… 色の種類。色は、有彩色と無彩色に分かれます。有彩色とは、赤、青、黄といった色をさします。無彩色は、白から黒で表現されるものです。

明度 ……… 色の明るさの度合い。明度差は、無彩色の軸で測ります。白が一番明るく、黒が最も暗いとされ、中間は、灰色の度合いで表わされています。

彩度 ……… 色の鮮やかさの度合い。色の強さと明度の度合いによって表示されます。色を混ぜるほど彩度は低くなります。

■ 色で感じるイメージ

◀1▶ 色相で感じるイメージ

◉暖色と寒色

暖かい色 ……… 赤・オレンジ・黄のグループ
　　　　　　　　膨張、興奮、気分の高揚するイメージ

寒い色 ………… 青・青緑のグループ
　　　　　　　　収縮、沈静、気分の落ち着くイメージ

その中間色 …… 紫・緑のグループ
　　　　　　　　中間のイメージ

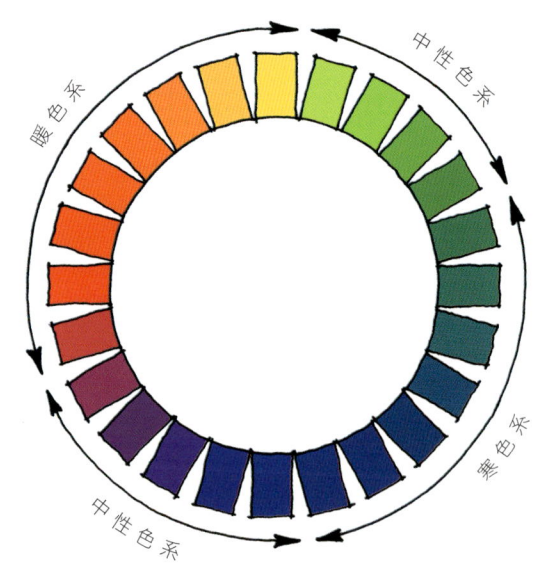

◀2▶ トーンから見る調和

トーンとは、何かの調子、雰囲気・イメージの違いをあらわすときに使われます。明るさとあざやかさの組み合わせによって決まります。

◀3▶ トーンとイメージ

同一トーンの色は、空気感が重なることから、どの色相と並べても調和します。

トーンを合わせるのは、雰囲気・イメージを統一する方法としてはとても簡単かつ有効な方法といえます。

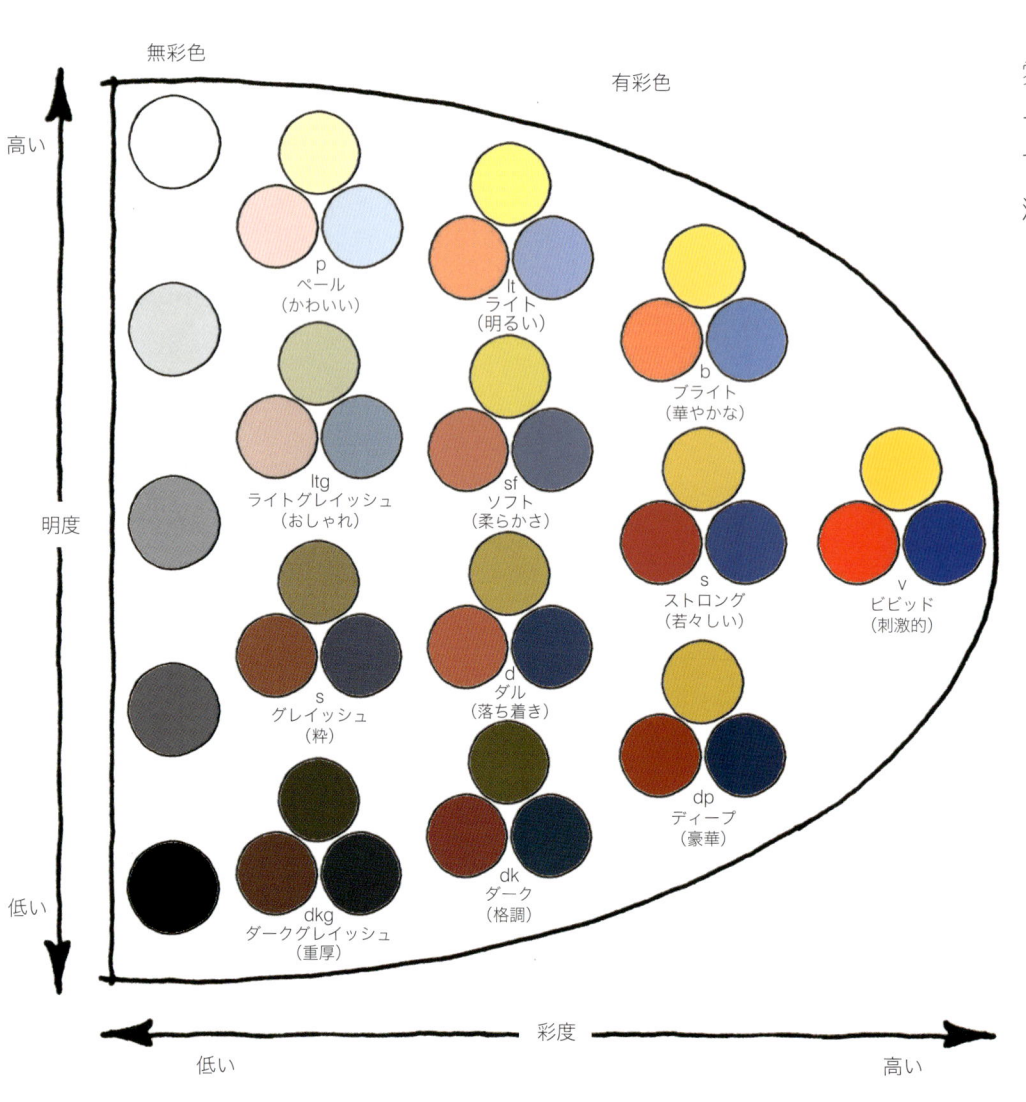

■イメージする言葉と色／形（基本タイプをおさえておこう）

◀1▶ エレガント

＜エレガントを連想させる言葉＞
・上品　　・清楚
・女性的　・気高い
・洗練された　・雅びやか
・格調高い　・ロマンチック

＜エレガントのイメージカラー＞
ライトグレイッシュ

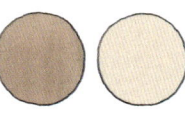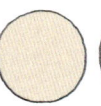

◀2▶ カジュアル

＜カジュアルを連想させる言葉＞
・くつろいだ　・気軽な
・ラフな　　　・可愛い
・フランクな　・格式ばらない

＜カジュアルのイメージカラー＞
ビビッド

◀3▶ ナチュラル

＜ナチュラルを連想させる言葉＞
・自然　　・天然
・飾らない　・誇張のない
・そのまま　・カントリー調

＜ナチュラルなイメージカラー＞
ソフト

◀ 4 ▶ クラシック

＜クラシックを連想させる言葉＞
- ・古典的　・古風な
- ・伝統的　・トラディショナル
- ・固い　　・昔ながらの

＜クラシックなイメージカラー＞
ダル

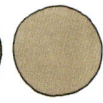

◀ 5 ▶ モダン

＜モダンを連想させる言葉＞
- ・今風　　・最新
- ・流行　　・先端を行く
- ・現代的　・ハイカラ
- ・しゃれた

＜モダンのイメージカラー＞
ライトグレイッシュ

☞雰囲気＜イメージ＞を具体化するための要素とは・・・

◉イメージの具体化に必要なインテリア要素

　イメージを表現するためには、色彩、形態、素材という要素をどう使うかということにほかなりません。しかし、それをパターン化すれば、すべてのコーディネートができるかというと、あくまでもそれは基本に過ぎず、その都度、さまざまな条件やクライアントの思いが加わって様子が変わります。
　ここでは、考え方の基本をおさえるつもりで頭に入れておいてください。

基本イメージで網羅しきれないイメージ：和モダン

■ カラーコーディネートの法則

　ここでは、色の基本を踏まえて、色で表現するインテリアイメージの注意点をあげています。この点を意識するだけでイメージをつくりやすくなります。

◉配色の効果とイメージ例
◀1▶　温度感

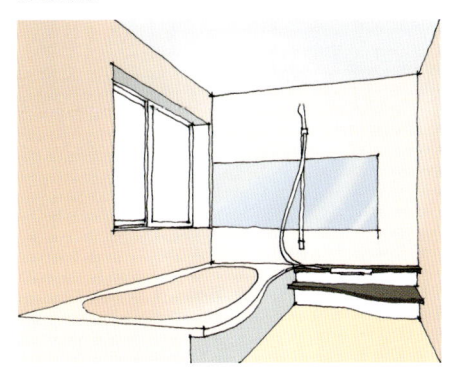 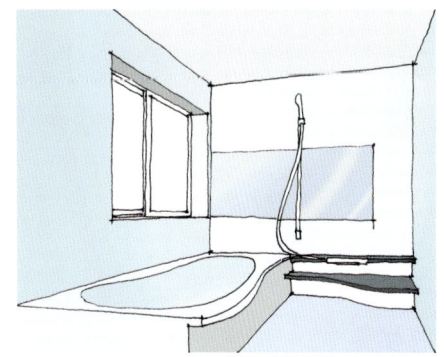

　水まわりは清潔感重視といったところから、寒色を選択しがちですが、暖色の方が温もりを感じる空間を演出できます。同一色相でも個人差はありますが、暖色と寒色では3℃くらい体感温度が変わります。

◀2▶　広狭感

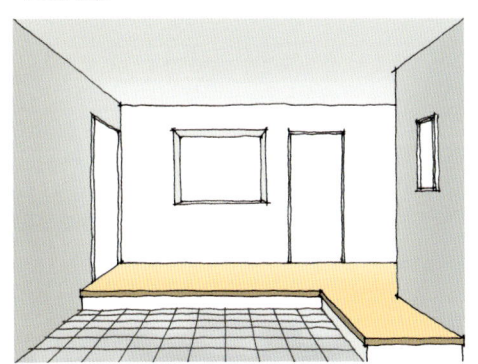 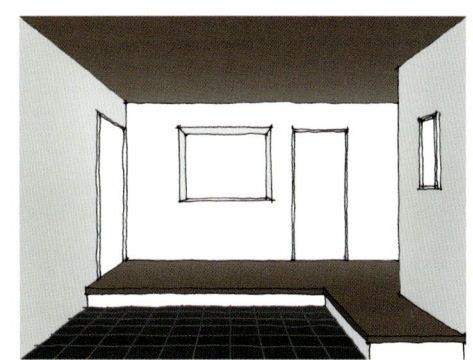

　同じ面積であっても、明度の高い色（淡い色）は広く感じますし、明度が低い色（濃い色）は狭く感じます。ただ、使用する場所によっては空間を引き締める効果があります。

◀3▶　沈静感

　暖色、高彩度の色は刺激を与え、寒色、低彩度の色は気分を穏やかにします。子供部屋などは、あまり彩度を高くすると落ち着かず、集中力が散漫になりがちです。これらから、住宅は低彩度をベースにリラックスできる空間にすることを基本としてコーディネートすることが多いといえます。

◀4▶　距離感

 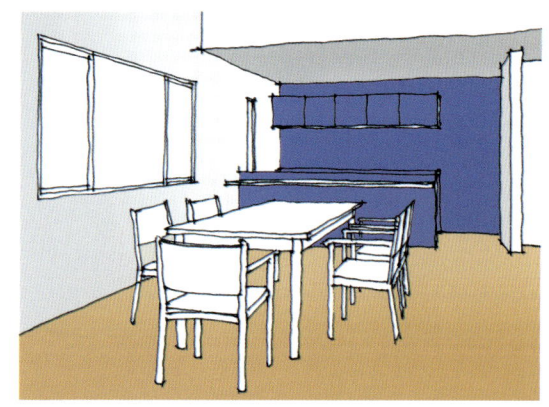

　暖色系の色は、手前にあるように感じる色といえます。反対に寒色系の色は、少し奥まった印象を与えます。
　階段や踊り場で部分的に色を変えると距離感が狂って、踏みはずしたりもしてしまいます。距離感を意識するならば、同系色にまとめる方がよいでしょう。

◀5▶　親近感

　肌色、クリーム色、茶系など、自然界に存在する色は親近感が高まります。もちろん個人の嗜好もありますが、往々にして寒色系は冷たく感じるので、疎遠感があるといわれます。その分、クールな仕上がりになるともいえます。

◀6▶　アクセント・強弱

　高彩度色は、強く派手に感じます。低彩度の色は、弱く地味に感じます。ただし、これらは裏を返せば、興奮する、落ち着くという意味でもあるので、上手に取り入れることが大切です。配色では、コントラスト差が大きいほど派手に感じるともいえます。

■ カラーコーディネートする手順

色の決め方に迷ったら・・・、まず1つ決めてから、じゅずつなぎに決めてみましょう！

◀1▶ まずベーシックカラーを決める

部屋のイメージから、基本色を決めます（床・壁・天井）。

全体の70%
基調となる色で色調としては高明度、低彩度、つまり少々おとなしい感じ。

◀2▶ アソートカラーを決める

基本色に変化をつけます（カーテン、家具）。

全体の25%
ベーシックカラーに違和感のない変化を意識して、コントラストをつけます。

◀3▶ アクセントカラーを決める

アクセント色を決めます。

補色を選ぶなど、変化がつけやすい（クッション、インテリアエレメント）。

基本手順どおりにカラーコーディネートしていくと、ベースとなる色は70%、変化をつけるアソートカラーは25%、最後にアクセントをつけるために補色などで、コントラストの強いものを配色するとよいでしょう。

〈配色比率〉

[例] ベージュをベースに、アソートカラーにブルーを、アクセントにはイエローを配色。

■カラーコーディネートの法則例

白を基調にアクセントをソファでコーディネート[B]

明度の違いでコントラストを意識したまとめ方[A]

畳と木を活かしてナチュラルなまとめに[B]

同一色相でまとめ落ち着きのあるイメージに[A]

パステルカラーをアソートカラーにしたコーディネート[A]

3 インテリアを構成するもの

■ 空間要素

空間は、床面、間口、奥行き、天井高さで決まります。

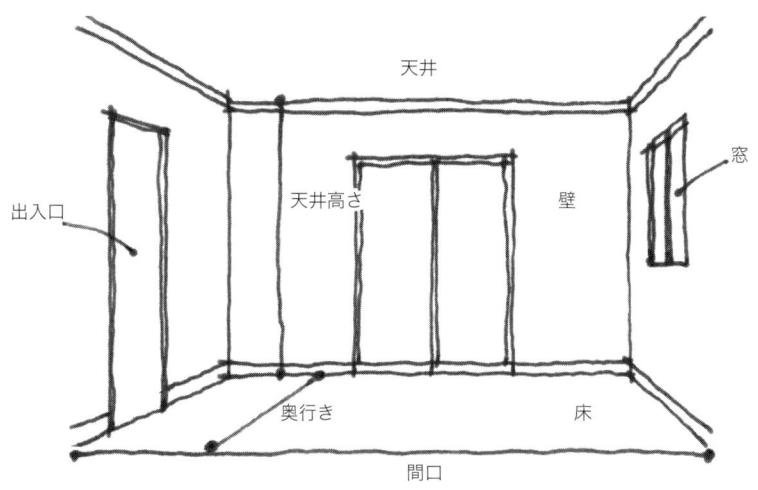

床面は広く、間口、奥行きも移動しやすいように、ほどよいスペースが必要です。そして閉塞感を感じない天井の高さが、快適な空間として求められます。

〈主な要素〉
天井 （回り縁、幅木）、壁、床、開口部（出入口、窓、建具枠）

■ 物的要素

床・壁・天井だけでは、雨露はしのげても快適な暮らしは望めません。快適な暮らしのためには、下記のような物的要素が必要となります。

● 窓装飾

  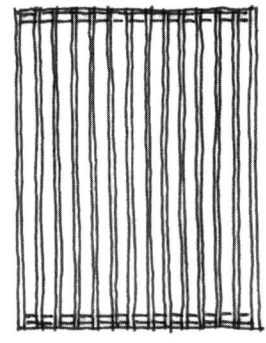

　　カーテン　　　　　　ロールスクリーン　　　　バーチカルブラインド

● アクセサリー

　　　　　　　　　　　　　　　　　　　オーガスタ　　　ガジュマル

◉照明器具

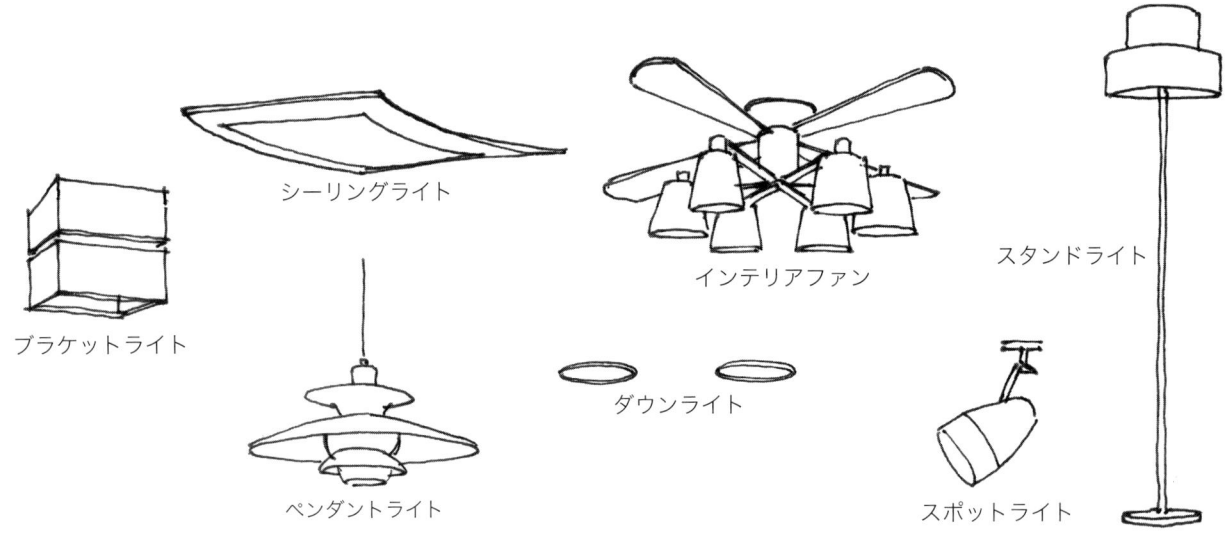

ブラケットライト
シーリングライト
インテリアファン
スタンドライト
ペンダントライト
ダウンライト
スポットライト

◉椅子、テーブル、ベッド　等

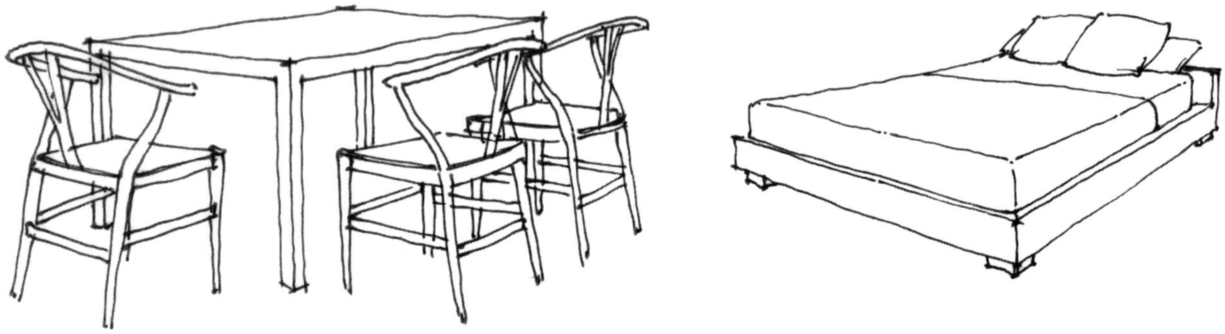

◉設備機器

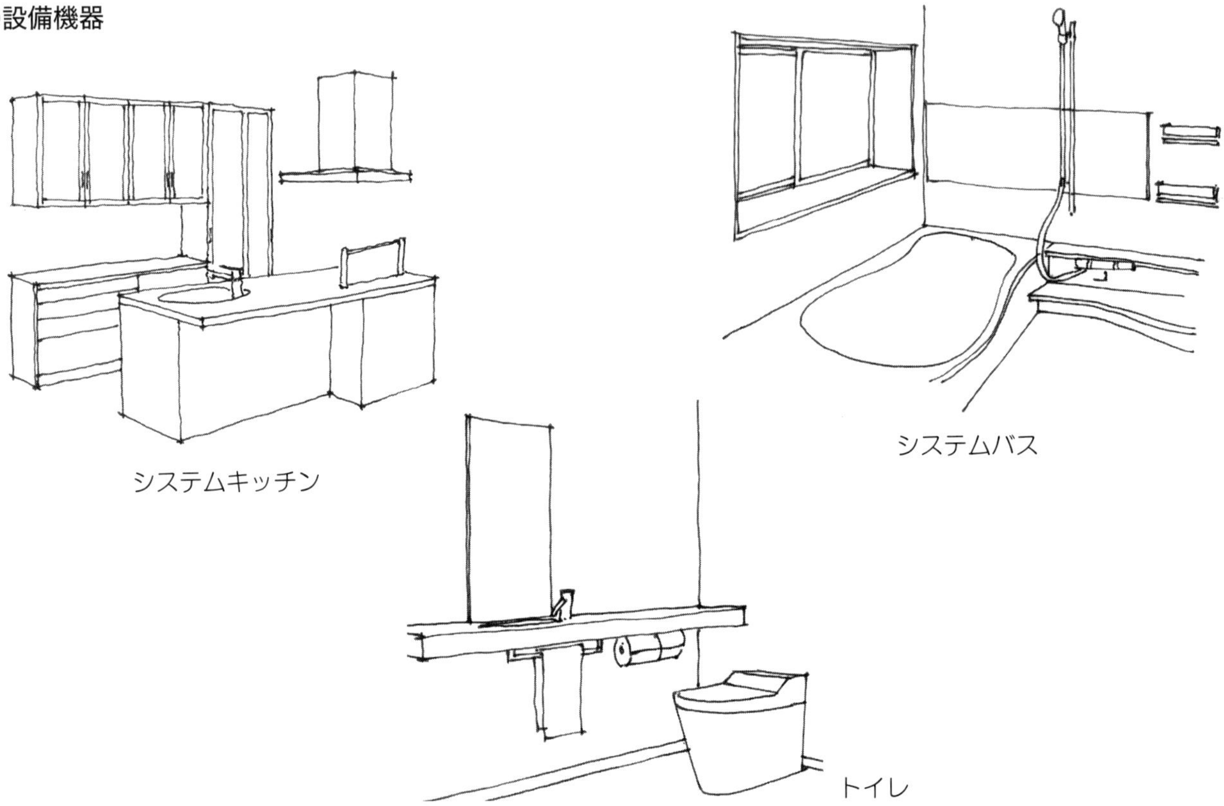

システムキッチン

システムバス

トイレ

4 空間デザインとは何か —どうやってつくられていくのか

■仕事の流れ

①ヒアリング
クライアントが実際に暮らすときのことを考えて設計するために、家族構成、生活習慣、趣味など、ことこまかな情報収集と要望をお聞きします。

②プラン作成
打ち合わせを受けて、クライアントからの希望を実現するためのプラン=設計図面を、予算的なことも考えながら作成します。ここでプレゼン用のツールも作成します。

③プレゼン
設計図面は、専門家には理解できても、クライアントにすべては通じません。その通訳としてのプレゼンツールを利用して、プレゼンテーションを行います。

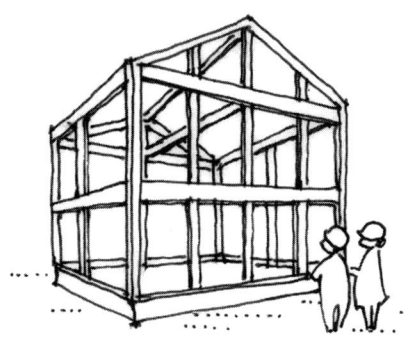

④契約・施工
プランにクライアントの納得が得られたら、契約を交わし、施工に入ります。

⑤完成・引渡し
工事が終われば、クライアントに内容を確認してもらってから、引渡します。この後もアフターケアでクライアントとの関係は続きます。

■ プレゼンテーションに必要なツール

クライアントにコーディネートプランを解説するときには、目に見えない完成状態を解説するわけですから、ていねいな説明が必要です。専門知識のないクライアントにわかりやすく説明するために、事前にプレゼンツールを準備します。主なものは、下記の3つです。

◀1▶ プレゼンボード

図面だけでは理解しにくいクライアントのために、プレゼンツールのすべてを1枚のボードにまとめます。イメージしやすいレイアウトがポイント。

必要と思われるデザインのプレゼンを行います。
〈ボードに含まれる要素〉
・コンセプト
・平面図
・立面図
・外観パース
・インテリアパース　等

◀2▶ パース

図面をもとに描き起こしたパース。図面では読みきれない内容を絵にします。

クライアントが理解しやすくなります。できるだけ多くのシーンを描くと、後からクレームが少なくてすみます。
〈ボードに含まれる要素〉
・空間の雰囲気
・材料
・色彩　等

◀3▶ カラースキーム

実際に使用するインテリア要素（材料）を表にまとめたものです。
色のコーディネートの確認にも使われますし、同時に業者間のやり取りにも有効です。

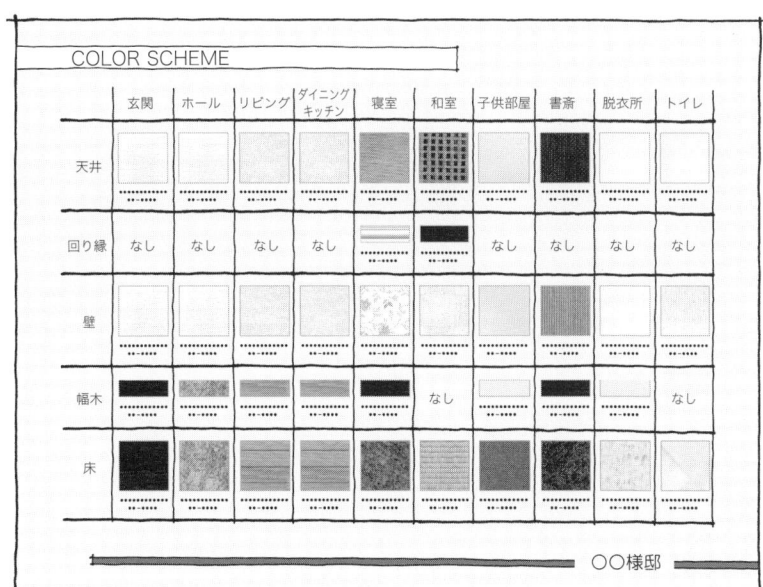

平面計画における全室の仕上げ材料、および品番を明記することにより、全体の色調、仕上げ材料が一目でわかります。工事完了まで現場に設置しておくと、いつでも確認できて便利です。
〈ボードに含まれる要素〉
・各室の仕上げ材料
・メーカー、品番　等

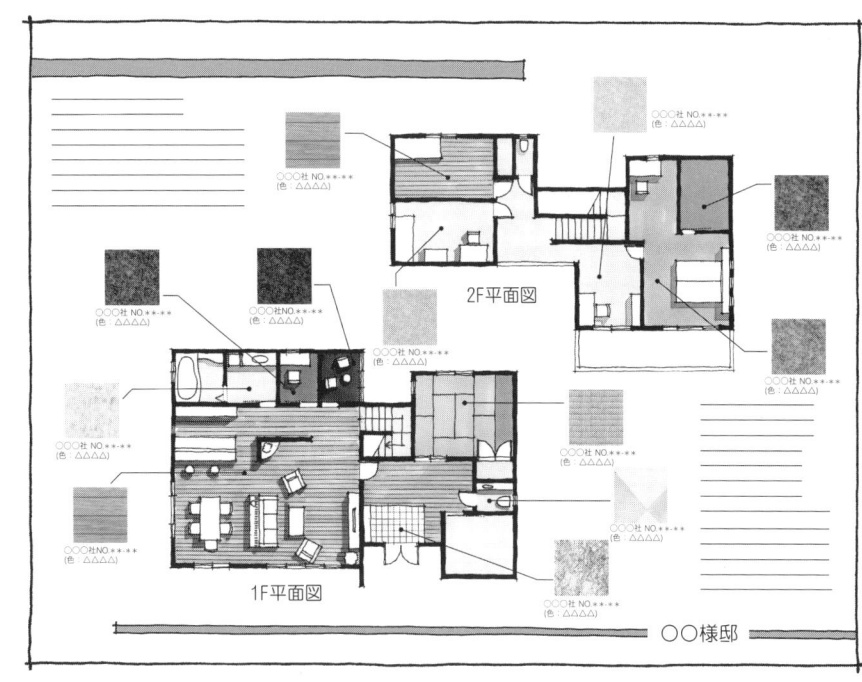

平面図だけでも、仕上げ材料だけでも、クライアントには理解しにくいもの。一枚のボードに平面図と仕上げ材料が貼ってあると、部屋の関連も含めて理解しやすくなります。
〈ボードに含まれる要素〉
・平面図
・各室の仕上げ材料
・メーカー、品番　等

☞プレゼンツールを作成したら、それで終わるのはちょっと待った！

プレゼンする相手はクライアント。よい印象を残したいですよね。そこで、簡単でもいいので一手間かけて「装丁」して持参することをおすすめします。
　1枚セルをつけるだけでも、「大事に思っていますよ」という、つくり手側の気持ちは十分伝わるはずです。

■ インテリアの構成

広い部屋はゆとりを生みますが、ただ広ければ良いかというとそうではありません。

1人暮らしでも暮らし方によってはスペースが必要ですし、4人暮らしでも大人が4人か子供が2人いるのかの家族構成によっても、必要なスペースは変わります。ただどんな条件であっても最低限、気をつけたい空間の取り方というのはあります。

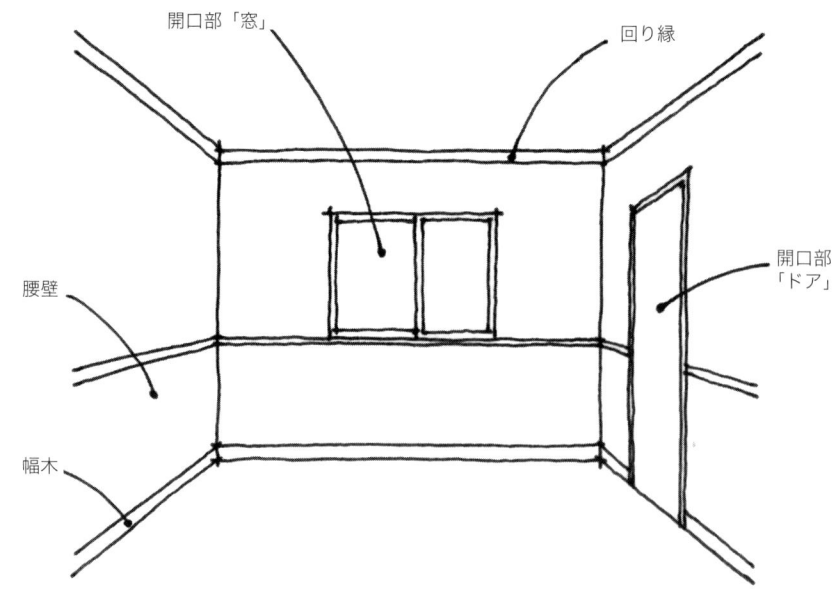

⦿ 天井高の取り方

天井高が低い部屋は、圧迫感があります。標準では、2,400〜2,700 mm。それを基準に考えてみましょう。

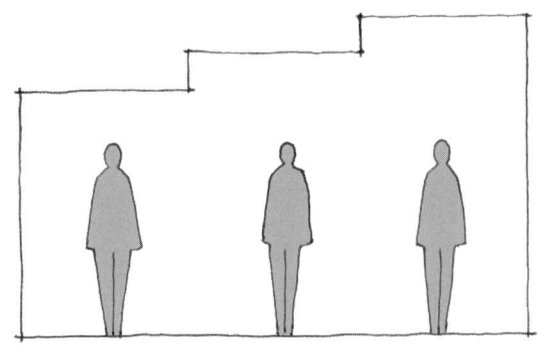

⦿ 開口部の取り方

開口部は、部屋の通気性だけでなく、明るさを調整することにも通じる建具のサイズは、基本的に上枠で2,000 mmを目安に作成されています。

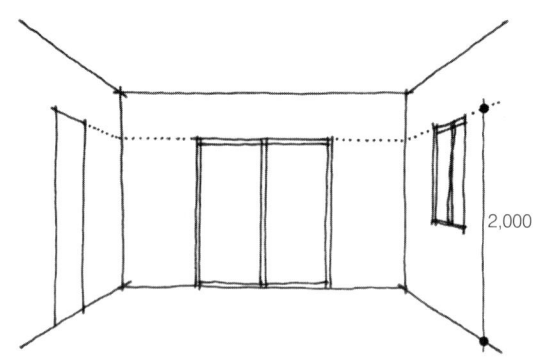

＊例外的に天井高が違う場合もあります。また最近では、開口部が天井に達しているものもあり、よりいっそう開放感のある室内を演出するのに使用されています。

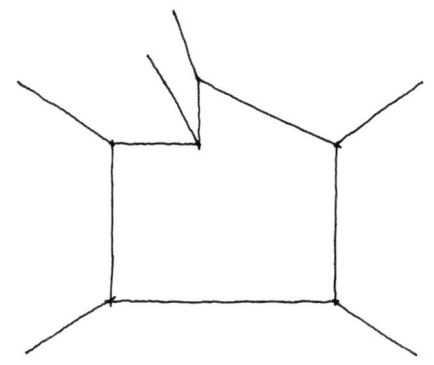
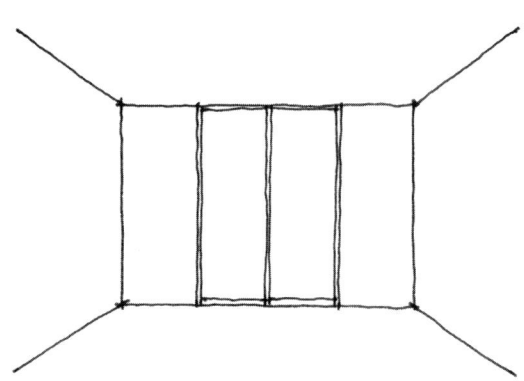

◀ 1 ▶　床・壁・天井の形状（デザイン）

◉ 天井の形状

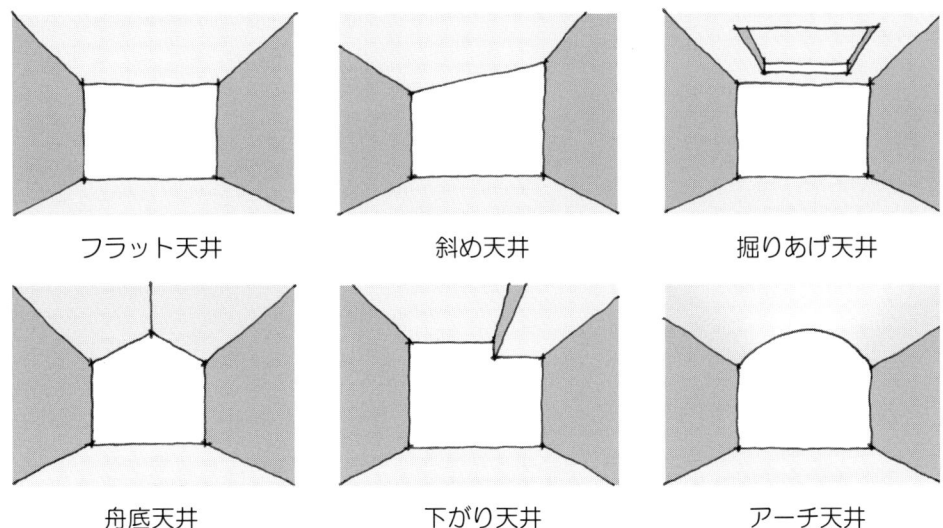

フラット天井　　斜め天井　　掘りあげ天井
舟底天井　　下がり天井　　アーチ天井

天井の高さは、建物自体の形状に左右されるものの、形状は、意外と自由に決めることができます。

ただ、建物の構造上、はずせないのが梁。これだけは考慮して考えることが必要です。

◉ 見切りの形状

天井と壁、壁と床が接する部分、これを見切りといいますが、コンクリート打ちっぱなしの部屋以外の多くは、これが施されています。

天井と壁の見切りは回り縁といわれ、材質としては、木材、樹脂、合金、石膏があります。

＊突付け、底目地で、回り縁を施さないケースもあります。

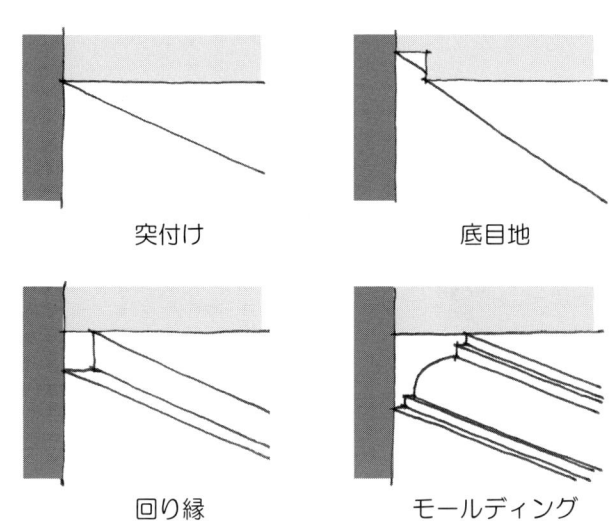

突付け　　底目地
回り縁　　モールディング

☞ 梁って何かご存知ですか？

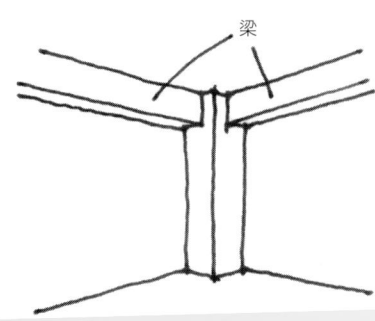

水平方向に架けられて、荷重を支える構造的に必要なもの。梁の特徴は、材質・形状によって決定され、おもに鉄骨・鉄筋コンクリート・木材でつくられています。天井の部分にせり出した部分が梁で、家具を配置する際など、高さに注意すべきところです。

● 床の形状

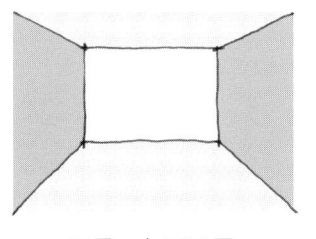
フラットフロア

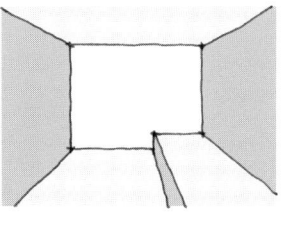
スキップフロア

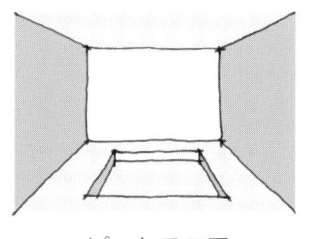
ピットフロア

歩く、座る、寝転ぶと、生活で安全性が最も求められ、形状も水平であることが当然とされ、段差以外には形状が変わることがほぼないといえます。

● 幅木の形状

床と壁の見切りは、通常、幅木と呼ばれる横木が取り付けられています。その役割は、おもに壁の下部分の破損や汚れを防ぐことです。

また見た目から、納まりよくするのにも一役かっており、壁面より飛び出している幅木、引っ込むもの、同面など、さまざまな形状があり、素材も木材だけでなくさまざまで、汚れやすいので掃除のしやすい素材を使うことが多いといわれます。

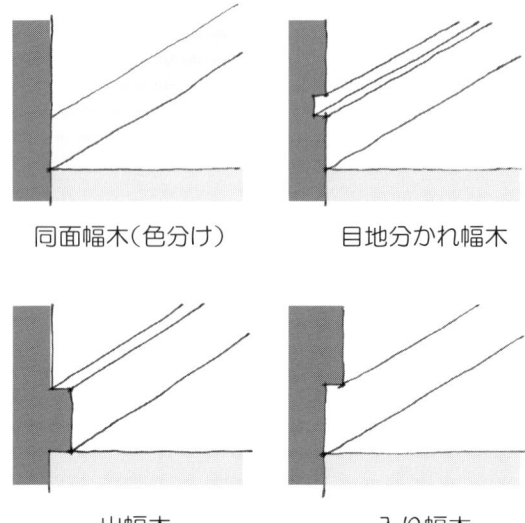

同面幅木（色分け）　　目地分かれ幅木

出幅木　　入り幅木

☞高齢者向け住宅では・・・

床面で注意すべきは、段差を極力避けること。表面の仕上げ材によってその下地の高さが変わる場合があり、それによっては段差が生じる可能性があるので、注意が必要です。

また、仕上げ材によってはすべりやすい性質のものもあるので、その点も気をつけたいところです。

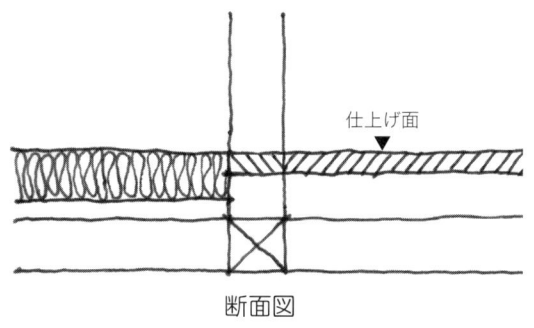

断面図

◀ 2 ▶ 開口部の形状（デザイン）

◉建具の役割

部屋の使い勝手を決める、出入り口や窓の大きさや位置を決めることは大切です。決定の際には、その部屋での暮らしの動線までしっかり頭に入れて、決定しておきましょう。そうでなければ、単なる箱をつくって、暮らし始めてから困ることになりかねません。

◉建具の素材

素材もまた、建具の役割を考えれば、必然的に決まってきます。例えば、室内のドアや引き戸なら木質でかまいませんが、玄関や窓など雨風にさらされる箇所は、性能や耐久性を考えてアルミサッシなど、さびにくく、またコストのことも考慮に入れて考える必要があります。

◉ドアのデザイン

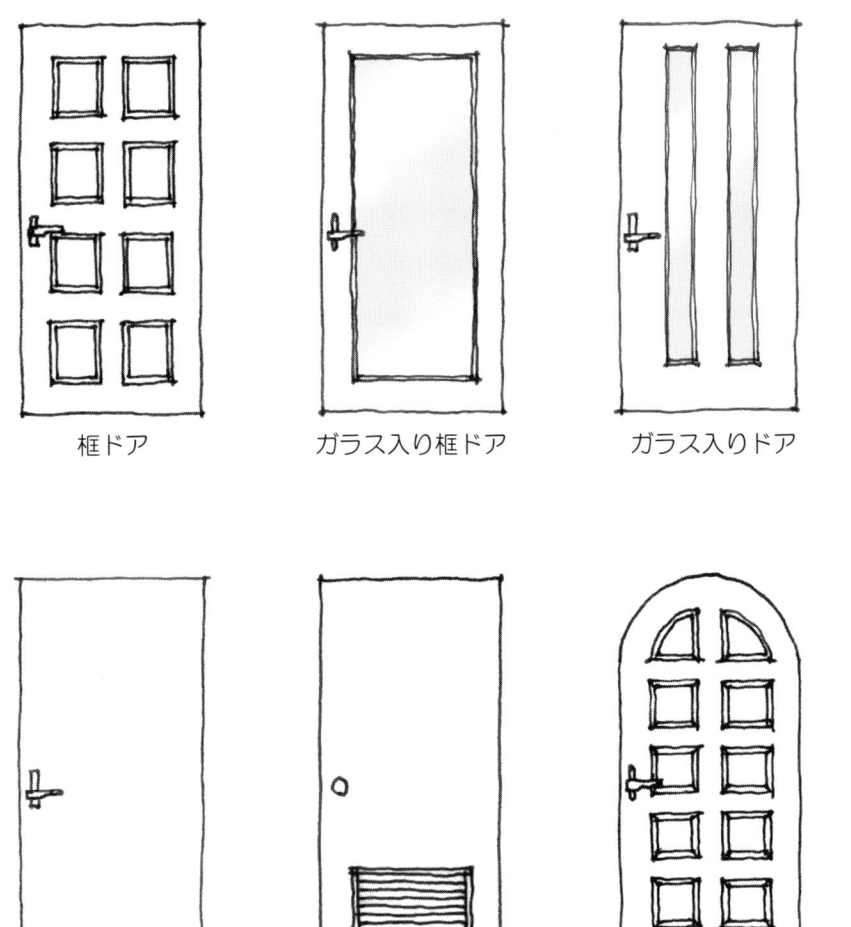

框ドア
　框、桟を組み合わせた、最もオーソドックスなドア。

ガラス入り框ドア
　おおむねガラスで覆われたドア。

ガラス入りドア
　一部にガラスが入っているドア。

フラッシュドア
　フラットなドアで中は空胴で軽い。表面には化粧合板、クロス、塗装などが施されます。

ガラリ付きドア
　換気の必要なところなどに多く使用され、クローゼットの扉にも多く用いられます。

アーチドア
　意匠的に温かい雰囲気を与えます。開き勝手には注意しないといけません。

◉ 引き戸のデザイン

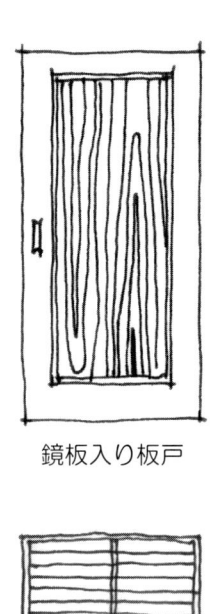
鏡板入り板戸

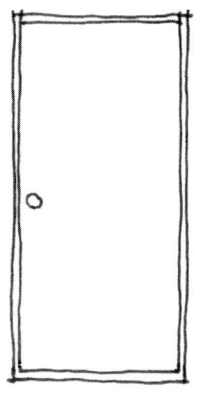
戸ぶすま

雪見障子

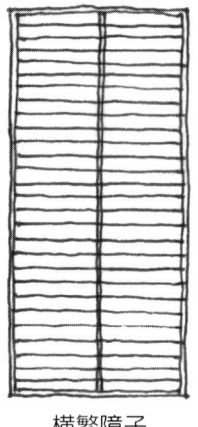
横繁障子

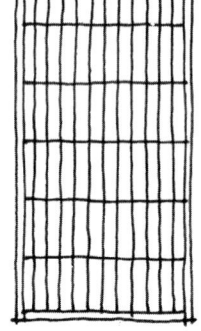
縦繁障子

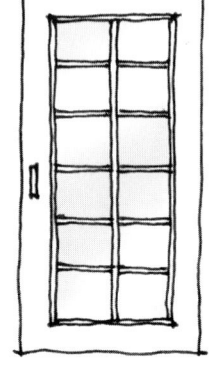
ガラス入り引き戸

鏡板入り板戸
四方框に鏡板の入ったもので、唐戸とも。

戸ぶすま
表面は和紙貼りや合板で、和室と洋室の間などに使用されます。

雪見障子
下部に上下移動する障子がはめ込まれ、上げるとガラス越しに外が見えるようなつくりになっています。

横繁障子
桟が横に多く入っており、繊細な和風に適しています。

縦繁障子
縦桟が多い障子。これも繊細で和風に適しています。

ガラス入り引き戸
ガラスが入った引き戸。光を取り入れることができます。

◉ 取手と引き手

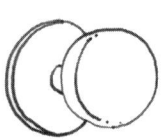

にぎり玉
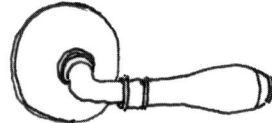
レバーハンドル

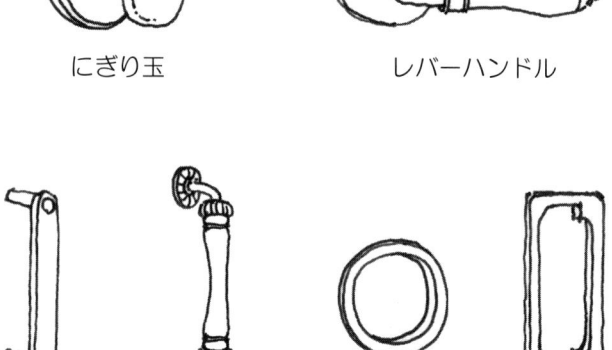
ドア用引き手　　ふすま用引き手

ドアについている金具は取手（あるいは把手）、ふすまなどの引き戸についている金具を引き手といいます。いずれもアクセントとして重要な位置を占めています。

◉ ドアと引き戸の形式

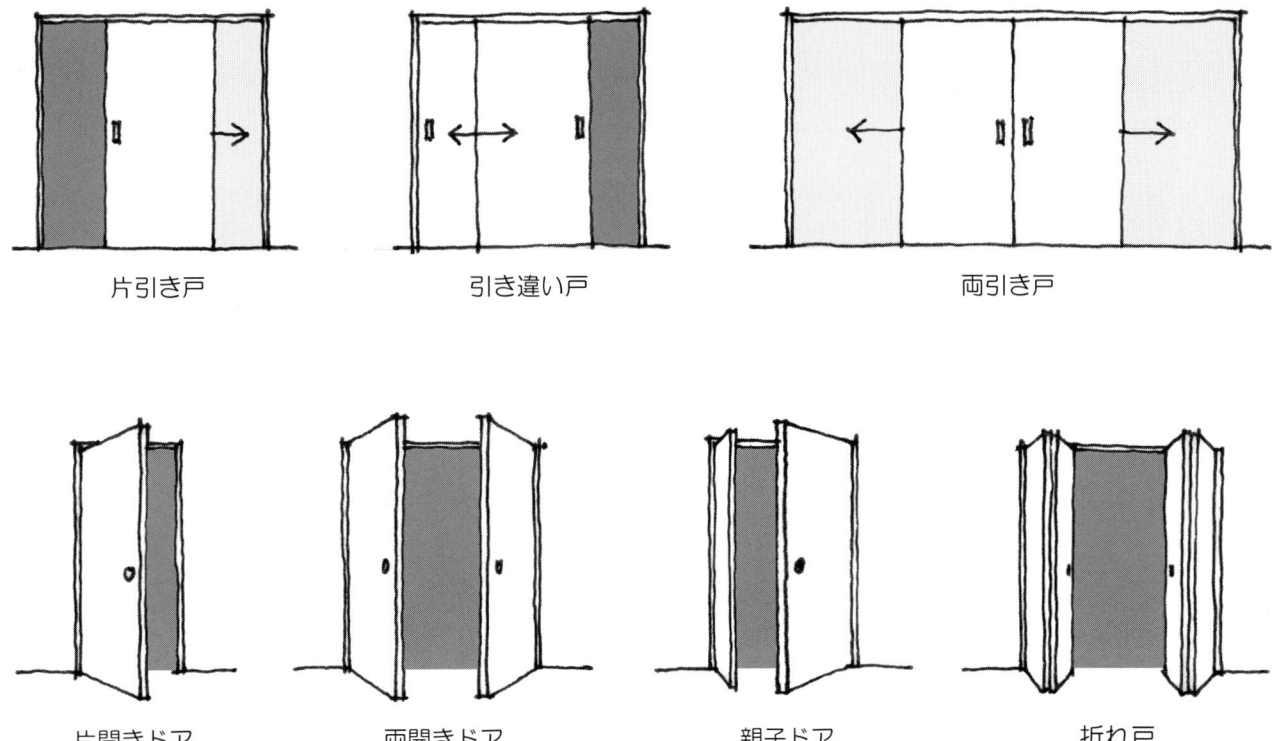

◉ 窓の形式

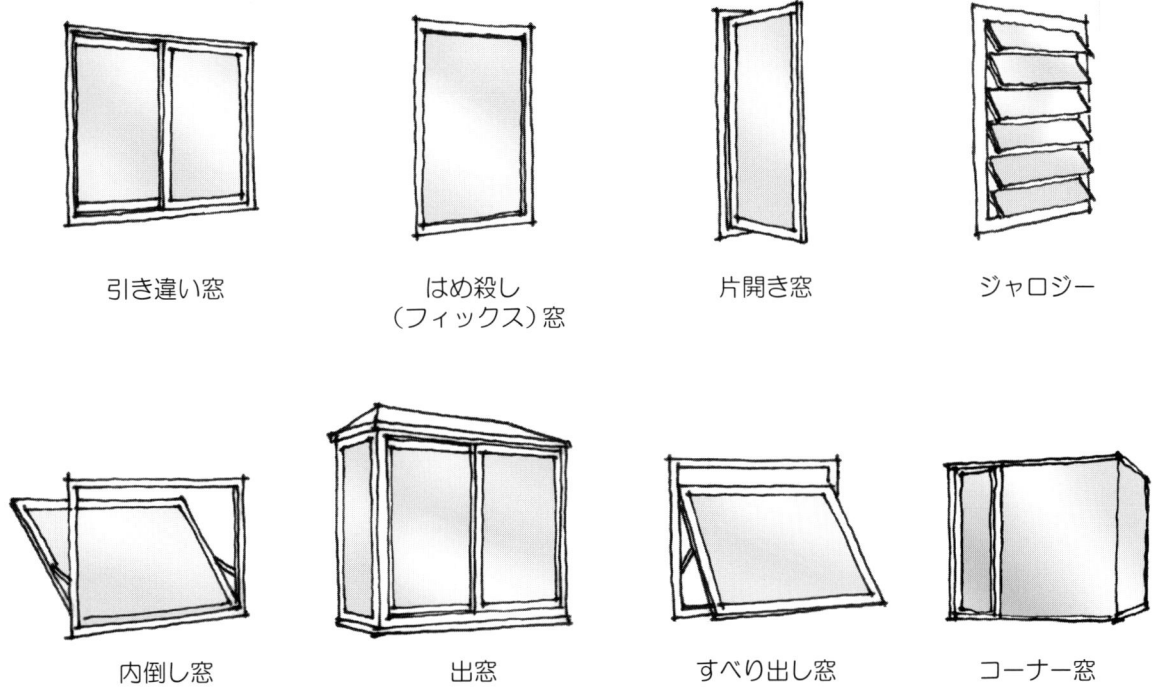

◀ 3 ▶ 図面の中での開口部の表記

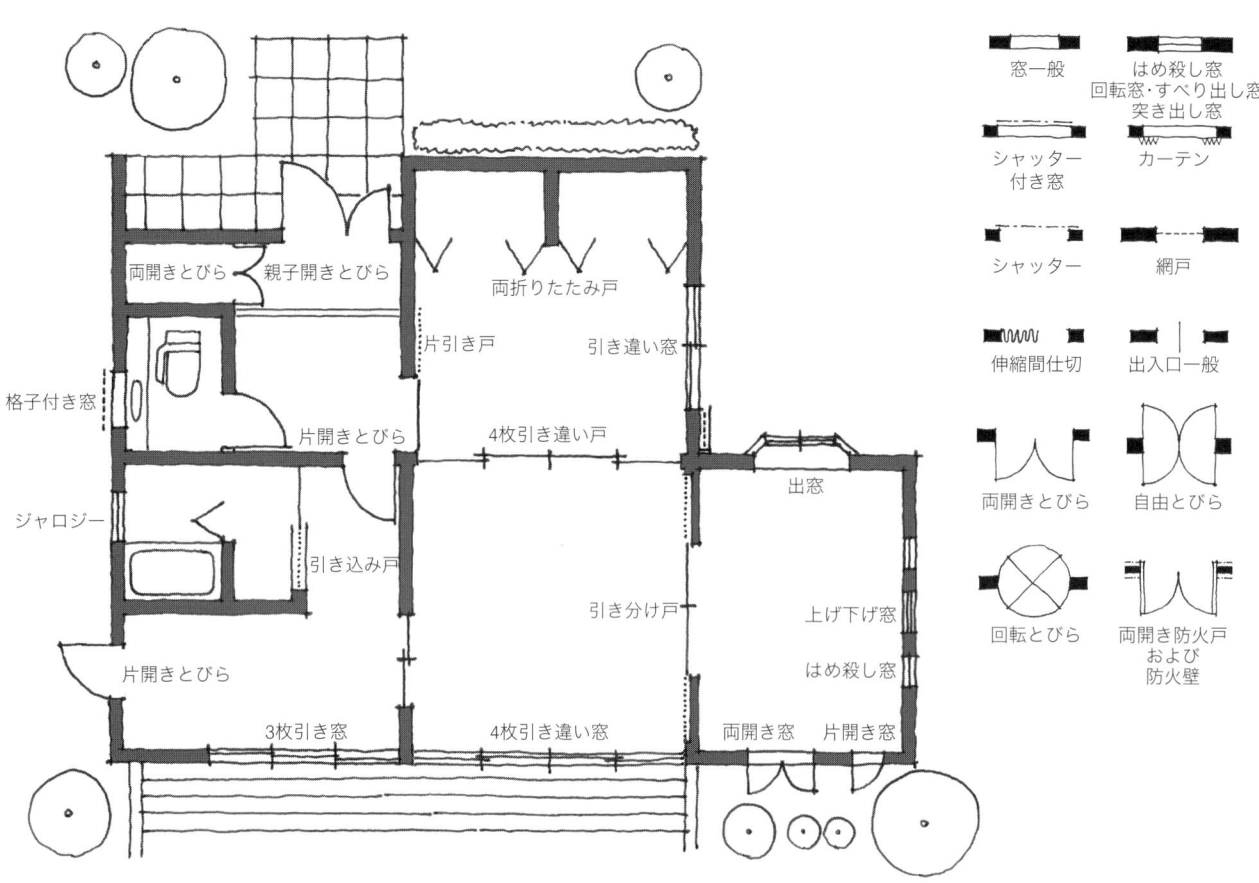

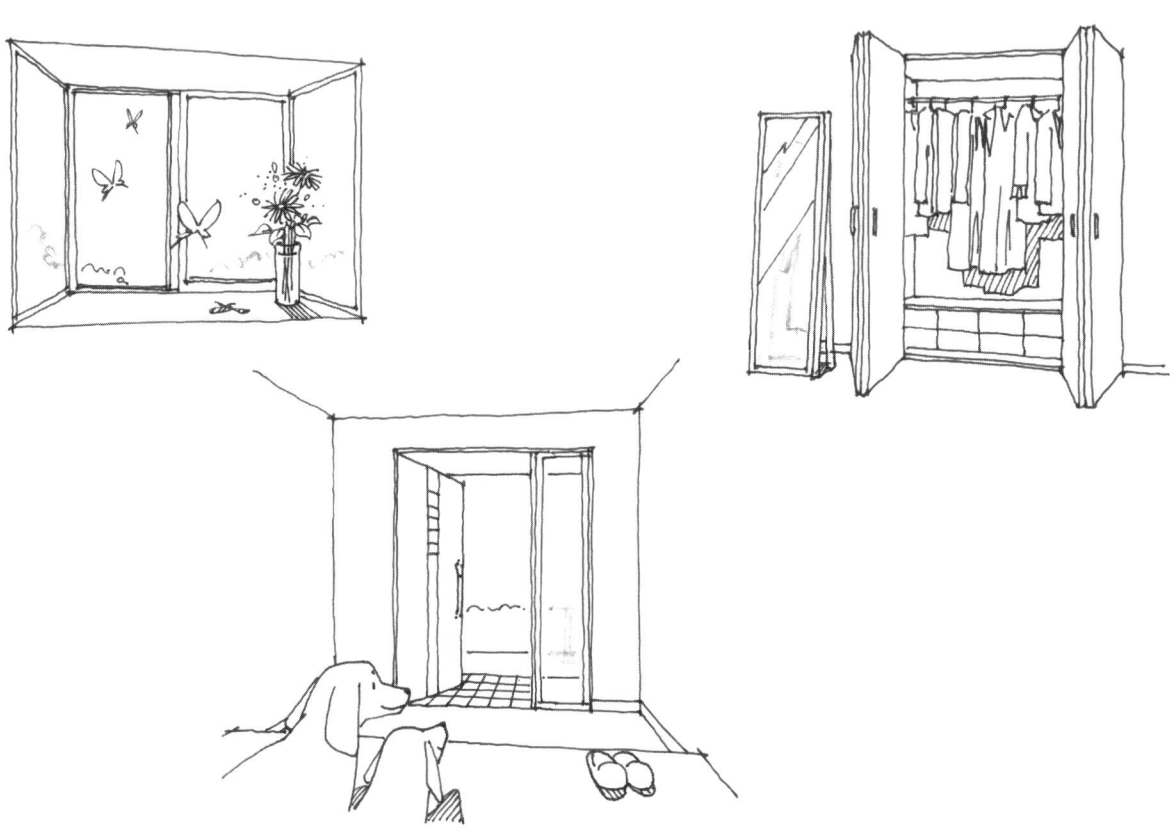

5 インテリアを構成する建築材料

実際の現場でどんなものを使うのかわかっていなければ、プランをたてて実施図面を描くことができません。インテリアの施工にもかかわる建築材料を、一通りチェックしておきましょう。

❖**建築材料リスト**（リスト番号が□で囲んであるものが、主にインテリアにかかわる部分です）

1	仮設工事	仮設丸太、ビティー、サポート、仮設パネル、シートパイル
2	土工事	ウインチ、ポンプ、ブルドーザー
3	地業工事	鉄筋コンクリート杭、パイプパイル
4	鉄筋コンクリート工事	鉄筋、異型鉄筋、セメント、モルタル、コンクリート
5	鉄骨工事	重量形鋼、軽量形鋼、パイプ鋼、H鋼、リベット、HTボルト
6	組積工事	コンクリートブロック、ALC版、れんが
7	防水工事	アスファルト、ルーフィング、FRP防水、シート防水
8	石工事	火成岩、水成岩、変成岩、粘板岩、人造石
9	タイル工事	外装用タイル、内装用タイル
10	木工事	針葉樹、広葉樹、竹
11	屋根工事	瓦、セメント製品、石綿スレート、鋼板、アルミ、ガラス
12	左官工事	じゅらく壁、珪藻土、しっくい、モルタル
13	金属工事	亜鉛鉄板、鋼板、銅板、アルミ板、釘、ボルト、造作用金物
14	建具ガラス工事	木製建具、鋼製建具、アルミサッシュ、シャッター、建具用金物
15	塗装工事	水性塗料、ラッカー、フェノール樹脂、エポキシ樹脂
16	内装工事	床材、壁材、天井材
17	舗装工事	コンクリート平板、インターロッキングブロック
18	排水工事	U型側溝、L型側溝、陶管
19	雑工事	ジョイナー、ノンスリップ、カーテン、カーペット、家具
20	設備工事	電気設備、給排水衛生設備、空調設備

■インテリアにまつわる建築材料 （ここに記載されている寸法の単位はmmです。）

4 鉄筋コンクリート工事

●丸鋼・異形棒鋼　　通常は建築構造用の鉄筋ですが、使用場所を考えれば門扉や面格子などに使用することができます。

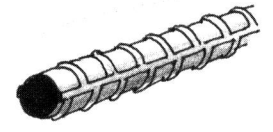

異形棒鋼

セメント ………… 通常、それ単体で使用することはありません。皆さんも見たことはあるかと思いますが、セメント袋に入った粉のことです。

モルタル ………… セメントに砂を混ぜて水で練ったもの。仕上げ材に使用されることが多く、作業性は良いが、強度は弱いです。

コンクリート …… セメントに砂や砂利を入れて結合させたもの。強度は強いですが作業性は悪いので、仕上げ材料としてはあまり利用されません。圧縮力には強いですが引張力には弱いので、引張力に強い鉄筋を入れて鉄筋コンクリートとして使われることが多いです。

5 鉄骨工事

●重量形鋼

アングル、H形鋼、I形鋼、T形鋼、溝形鋼。いずれも構造用部材ですが、意匠的にわざとその形状を見せる場合もあるので、形状は知っておきましょう。

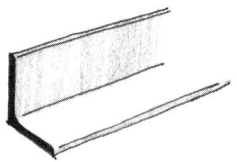

山形鋼（アングル）

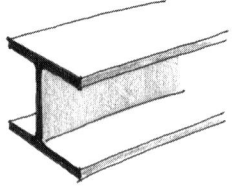

H形鋼

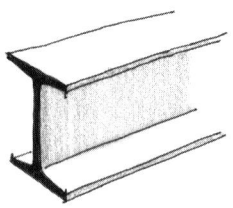

I形鋼

T形鋼

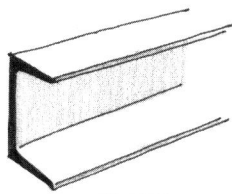

溝形鋼

●軽量形鋼

軽量形鋼は抱き合わせて柱として使用される場合があります。

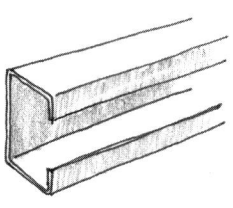

軽量形鋼1

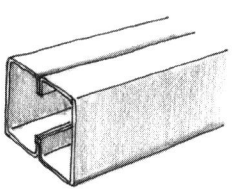

軽量形鋼2

6 組積工事

● コンクリートブロック

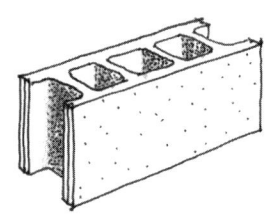

近年コンクリートブロックもデザイン性を増した化粧ブロックが多く見られますが、基本的なブロックの寸法は覚えておきましょう。

＊外形寸法　390 × 100 × 190
　目地を入れると 400 × 200 の大きさと考えるとよいでしょう。厚みは 100 〜 190 くらいまでありますが、一般的には 100 がスタンダードです。

● レンガ
本物のレンガが使われることが非常に少なくなり、ほとんどがタイルで代用されています。
粘土や泥を型に入れて窯で焼き固めるか、圧縮してつくられます。
一般的には 210 × 100 × 60 が多いですが、
アメリカ　203 × 102 × 57
イギリス　215 × 112.5 × 75　といった規格があるそうです。

JIS（日本工業規格）には、以下のものが定められています。
・普通レンガ　　・建築用レンガ　　・耐火レンガ

● ALC 版
セメントペーストに発泡剤を加えて多孔層化成形した軽量気泡コンクリート板のことで、断熱性、耐火性に優れ、加工・施工面においても工期短縮につながるため、ほとんどの鉄骨建築物に使用されています。

8 石工事

● 石材
火成岩　…………　安山岩、花崗岩（御影石）、鉄平石、ひる石
水成岩　…………　大谷石
変成岩　…………　大理石（トラバーチン、オニキス　等）
粘板岩　…………　天然スレート

● 人造石　…………　テラゾー（人造大理石）、現テラ、テラゾーブロック

● 仕上げ方法
小ダタキ、ビシャンタタキ、ジェット仕上げ、荒ミガキ、水ミガキ、本ミガキ

⑨タイル工事

●タイルの種類

外装用タイル …… 磁器質、炻器質── 1200℃以上の温度で焼く
内装用タイル …… 陶器質がメイン（施釉タイル）──色彩が豊富
　　　　　　　　　 磁器質、炻器質
床用タイル ……… 磁器質、炻器質
その他 ………… 陶板、クラフトタイル　等

　内装用の陶器質タイルを外部に使用すると、吸水性が高く、吸水した水分が夜間に凍結してタイルが割れることがあります。
　また、歩行性、耐磨耗性、耐衝撃性などから、床には磁器、炻器質が多く使われています。

●タイルの貼り方

通し目地（イモ貼り）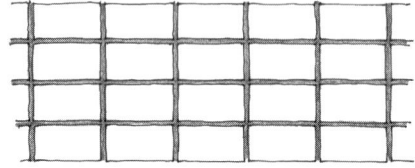

馬目地（馬踏み貼り）

イギリス貼り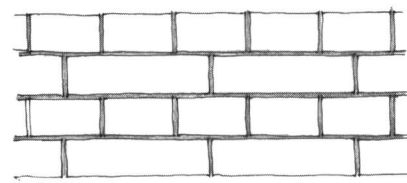

フランス貼り

●タイルの寸法

小口タイル　　　　60 × 108 mm
二丁掛けタイル　　60 × 227 mm
ボーダータイル　　30 × 227 mm

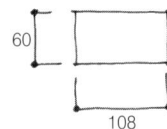
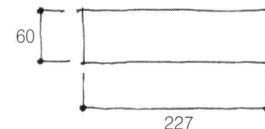
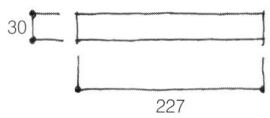

　この他、最近では、建築の軽量化に伴い、50 × 100といった小サイズのタイルが多く使われています。

⑩木工事

木材 …………… 杉、桧、松、けやき、竹
仕上げ方法 ……… 生地仕上げ、塗装仕上げ（クリアラッカー、オイルステイン、ラッカー）

⑪屋根工事

●瓦の種類
粘土瓦 ………… 和瓦、本瓦、桟瓦などの一定の形をした粘土瓦が一般的。
金属瓦 ………… 鉄やアルミの金属板でできた瓦。
　　　　　　　　瓦の重量を軽減させるのと、寒冷地では割れてしまう粘土瓦の代用に使用します。
セメント瓦 …… セメント1に対し砂3の割合で調合したモルタルでつくられており、安価ではありますが風化しやすくなります。
ガラス瓦 ……… ガラス製の瓦で、天窓の代わりに用いられています。
石瓦 …………… 寒冷地で葺けない粘土瓦の代わりに葺かれ始めました。凝灰石か粘板岩が使われますが、重く、製造も難しいので、あまり使われません。
厚形スレート … スレートは粘板岩のことをさしますが、これはセメント1に対して砂2の割合で調合したモルタルを用いてつくられるセメント瓦。
　　　　　　　　色彩豊富。洋風の住宅によく使われます。
瓦棒 …………… 鋼板による屋根材。
　　　　　　　　安価であらゆる屋根にマッチします。

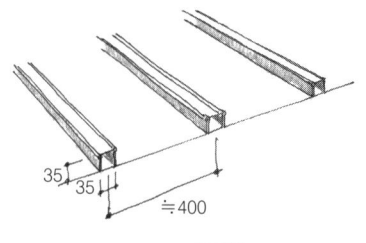
瓦棒

●その他
柿板、杉板、カヤ葺

⑫左官工事

種類 …………… じゅらく壁、色土、珪藻土、砂壁、しっくい壁、プラスター
仕上げ方法 ……… コテ押え、かき落し、吹付け（リシン、吹付けタイル）

⑬金属工事

・門扉、フェンス、笠木、金属成型板
・軽量鉄骨壁用下地 ……………… スタッド、ランナー
・軽量鉄骨天井用下地 …………… 野縁、野縁受、クリップ、吊りボルト
　＊建築物の規模により、部材の大きさは変わりますが、現在では、事務所はもちろん、住宅に下地材としてよく使用されています。

●仕上げ方法
ステンレス …… ヘアーライン、鏡面仕上げ
アルミ ………… アルマイト処理、カラーアルマイト印刷、2次電解着色

14 建具ガラス工事

- ●フラッシュ戸
  Flush＝「同一平面の」
  縦横の骨組みの両面から合板などを接着し、表面に桟のない戸のこと（タイコ貼り）。

- ●建築建具用金物
  丁番、ドアクローザー、戸当たり
  空鍵、シリンダー錠、間仕切り錠、表示錠

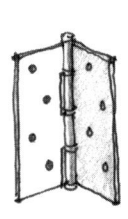
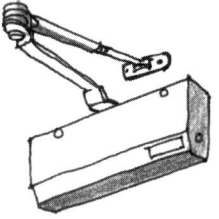

丁番　　　ドアクローザー

- ●ガラス
  透明ガラス　………　3、5、6 mm
  型板ガラス　………　2.2、4、6 mm
  網入ガラス　………　ラフワイヤー、プレートワイヤー、
  　　　　　　　　　　パラレルワイヤー 6.8 mm
  熱線吸収ガラス　……　グレーペン、ブルーペン、ブロンズペン
  熱線反射ガラス　……　ミラーガラス
  ステンドガラス
  ペアガラス（空気層有り）
  ガラスブロック（GB）100×100～300×300 mm

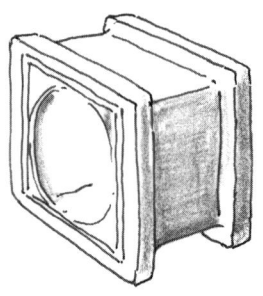

ガラスブロック

15 塗装工事

塗料の種類としては大きく分けて、下記のような分類になります。
使用箇所に応じて使い分けるわけですが、色相そのものが変わることはありません。どこに使用するかをよく調べて塗料を選ぶ必要があります。

水性塗料　………　壁、天井
油性塗料　………　金属部
樹脂塗料　………　エマルジョン塗装　────耐アルカリ性
　　　　　　　　　塩化ビニール樹脂塗装　──耐薬品性
　　　　　　　　　フェノール樹脂塗料　───耐酸、耐ガス（家具）
　　　　　　　　　ポリエステル樹脂塗料　──木材、金属、竹
　　　　　　　　　メラミン樹脂塗料　────金属部、家具
　　　　　　　　　エポキシ樹脂塗料　────鉄、コンクリート
　　　　　　　　　合成ゴム系塗料　────　浴室、プール、床、壁

16 内装工事

内装仕上げ材に関しては、p.37～39 に詳細を記していますが、大まかな分類をここでは覚えておきましょう。

● 床材
　フローリング
　パーケット（300 × 300）
　モザイクパーケット（150 × 150）

　アスファルト系タイル
　リノリウム系タイル
　ビニール系タイル
　ゴム系タイル

　木製ブロック
　リノリウム
　ビニールシート
　クッションフロア（CF シート）
　畳

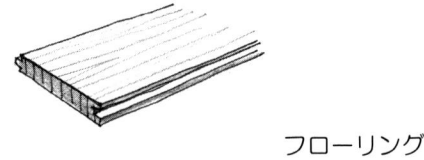
フローリング

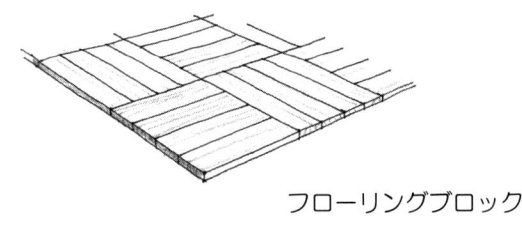
フローリングブロック

● 壁・天井材
　合板（ベニヤ）……………… ラワン、シナ　等（一般的に 1,820 × 910 × 3 ～　）
　パーティクルボード ……… 植物質の小片を十分に乾燥し、接着剤を追加し、凝固したもの。
　化粧合板 …………………… 本物の単板をベニヤに練付けたもの。
　石膏ボード（プラスターボード）… 焼石材を主原料とし、両面に強靭な原紙を密着、圧着硬化したもの。
　フレキシブルボード ……… セメント＋アスベストをプラスしたボード。耐火、耐候性に優れています。
　メラミン化粧板 …………… 熱硬化性合成樹脂を浸透させたものを数枚重ね合わせて熱圧した板の表面にメラミン樹脂を塗布したもの。
　石綿吸音板 ………………… ミネラートン、ダイロートン　等
　クロス、ビニールクロス

17 舗装工事

コンクリート平板
インターロッキングブロック

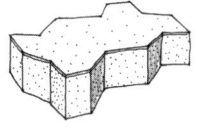
インターロッキング

19 雑工事

```
ジョイナー ……… 天井、壁などにボードを貼る時、目地隠し、または押えに使用。アルミ・塩ビ製。
ノンスリップ …… 階段のすべり止め。ビニール、ステンレス、アルミ製。
カーテン ………… ドレープ──────厚手の生地
                  レース────────透けて見える薄手の生地
                  ケースメント──厚手のレース（上等）
椅子・机 ………… 事務用机のJIS規格
                  W　1600、1400、1200、1000 mm
                  D　700、600 mm
                  H　700 mm
                  事務用椅子　450×450×450 mm
カウンター椅子、およびカウンター … 天板──椅子の座高面から300 mmが標準です。
```

20 設備工事

```
電気設備 ………… 照明器具
                  シーリングライト（CL）、コードペンダント（CP）、ダウンライト（DL）、
                  ブラケット（B）、シャンデリア（CH）
給排水衛生設備 … 浴室、洗面、カラン、
                  シャワー、空調機器、ガス
```

 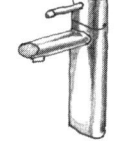 

湯水混合水栓1　　湯水混合水栓2　　タオルリング

☞ 工事の手順に沿って材料のことを一通り頭に入れたら・・・

インテリアイメージを形づくるときに必要なインテリアの要素（仕上げ材）を、もう少し詳しく覚えておきましょう。

次ページからインテリアのイメージを具体的に実現するために、さらにインテリアの施工に使用される詳細な要素とその使用上の注意をリストにしています。

☞ 主な仕上げ材の注意点は・・・

◎床工事：床仕上げ材
　毎日歩く場所ですので、強度があって、断熱性、遮音性、耐久性が求められます。直接人体が触れる場所ですから、安全であり、当然ながら感触が重要なポイントになってきます。

◎壁、天井工事：壁・天井仕上げ材
　断熱性と遮音性はもちろん、メンテナンスのしにくい場所もありますので、汚れが目立たないことも重要なポイントとなります。また視覚的に大きな影響を与えますから、素材から受ける視覚的印象も大事になってきます。

■ 仕上げ材の種類

❖ 床仕上げ材

木質系		
フローリング	天然木・無垢材などの単層フローリングと複合フローリングがあります。複合の場合は、合板などの基材の表面に天然木を薄くスライスした突き板を貼ったもので、天然木化粧合板と呼ばれます。無垢より安価で、そりなどがおきにくいのが特徴です。遮音材、床暖房などに使われます。	
縁甲板（えんこういた）	和風住宅に使用。これも無垢と複合材があります。松、桧、けやきの天然銘木が使用され、長尺のものが主です。（洋室にも使用可）	
寄木タイプ	個性的で豪華さを演出できます。フローリングブロックタイプと、やや小幅のモザイク寄木のパーケットタイプがあります。	
コルク	感触がやわらかく、カジュアルな空間に適しています。吸音性が抜群で、防音を期待する空間によく使われます。タイル、シート、パネルタイプがあります。	
繊維系		
じゅうたん・カーペット	高級な手織り緞通から、機械織りのウィルトン、タフテッドまで、材質、性能、価格はさまざま。色、柄も豊富で非常にポイントとなる材料です。	
畳	和室には必須。足の感触もよい。伝統的なワラ床と軽量化・安価な発泡スチロール床のものがあり、最近では縁のない琉球畳なども多くみられます。	
サイザル	天然麻椰子を使った素材。書斎や作業場など趣のある雰囲気をかもし出します。	
石系		
天然石	大理石、御影石が主流。高級感とシックさをかもします。玄関ホールや客室などで、硬質でクールなイメージが表現できます。濡れるとすべるので表面仕上げに要注意。	
人造石	基本的にはセメント製品。大理石の砕石をセメントや樹脂などで固めたテラゾー、花崗岩や安山岩を主石とした擬石など。	
窯業系		
タイル	水まわりに欠かせない材料。玄関土間床は、衝撃に強く耐久性のある外装用を使用します。サイズ、色、柄、表面など、さまざまな加工がされています。	
レンガ	土の風合いが独特で、暖炉まわりなどに装飾的にも使用されます。	
樹脂系		
長尺塩ビシート	いわゆるクッションフロアと呼ばれ、キッチンや洗面所など、メンテナンスが頻繁に必要な場所によく使用されます。弾力、保温性に富み。色、柄も多様です。	
塩ビタイル	タイル状のもので、クッション性には欠けますが磨耗しにくいです。洗面、玄関、土間をはじめ、商業空間に登場することが多いです。	
その他		
ゴムタイルその他	適度の弾力性のあるゴムタイルは歩行感触もよく、滑り止め効果もあります。また防音にもすぐれています。その他、玉砂利、玉石などの洗い出し床、塗床もあります。	

❖壁・天井仕上げ材

木質系	
羽目板	たて羽目板、横羽目板があり、桧、杉、松材など。高価。 無垢材で高級感もあり、ナチュラルスタイルの表現には適しています。
平板	無垢の平板はぜいたくな素材。玄関、リビングなどに使用されています。
カベブロック	無垢材、銘木突き板使用のものがあります。天然木の仕上がりが高級感をかもします。玄関ホール、客室などのアクセントとして使用されます。
銘木合板	壁、天井によくみられ、平板、溝付き板があります。天然銘木の突き板張りの平板は、柾目、板目の木目の美しさを活かした豪華なものです。 木目がはっきりしていると室内が狭く見えるので注意が必要です。 ローズウッド、チーク、ウォールナット、桜、ケヤキなどがあります。和室の天井では杉の銘木合板があり、柾目、杢目柄などが活かされるケースが多いです。カラー塗装もあります。
コルク	ソフトでやわらかい空気をかもし出します。
壁装材（クロス）	
ビニールクロス	安価で加工、メンテナンスも簡単でよく使用されます。プリント、エンボスなど地模様のデザインもさまざま。性能もかなり向上しています。
クロス（織物）	高級感、豪華さが演出できるとともに、ビニールクロスよりも通気性と吸湿性に富んでいますが、最近ではビニールクロスにおされ、ほとんど使用されなくなっています。
紙	和紙は高級感と共にやさしい空気をかもし出します。個性的なスペースに効果的に使用されます。デザイン性が強く、個性的ですが、汚れやすく、水まわりにはいずれも使用不可。
左官・吹付け	
しっくい	和室のしっとりした魅力が演出できます。ただし施工日数がかかることと、技術の習得が必要であることが難点ともいえます。
じゅらく	和室の雰囲気をかもすのには欠かせません。
合成エマルジョン砂壁	こてやローラーなどでパターン仕上げをすることでテクスチャー表現はさまざま。
合成樹脂吹付け	リシン吹付けは、しっくい風、じゅらく風を演出。スタッコ吹付けはハードな仕上がりになり、外壁に多く使用されます。インテリアでは使用場所を選ぶ素材です。

石系		
天然石・人造石	豪華な雰囲気をかもします。大理石、御影石、砂岩、玄武岩など、さまざまな効用、イメージを持っています。天然石と人造石の組み合わせも可能です。	
窯業系		
タイル	水まわりには必須ともいえます。色、柄に富み、貼り方、目地の色でも雰囲気が変わります。	
化粧ボード		
岩綿化粧版	天井材に多く使用され、断熱性、吸音性に富み、防火材としてキッチンなどにも適しています。遮音性を必要とする部屋にもよく使われます。	
インシュレーションボード	木質系の天井材として木質材繊維の間にある空気層で断熱性、防音性が生まれます。防火材ではないので、内装制限があるケースに注意しましょう。	
その他		
金属板	アルミ内装材など特殊な使われ方をします。	
コンクリート・コンクリートブロック	主として外壁に使用されますが、現代的な空間を表現する素材として若い人に人気です。湿気には弱いです。	
ガラスミラー	開口部の建具や鏡として使用。全体の調和を考慮して使用することが大切です。	

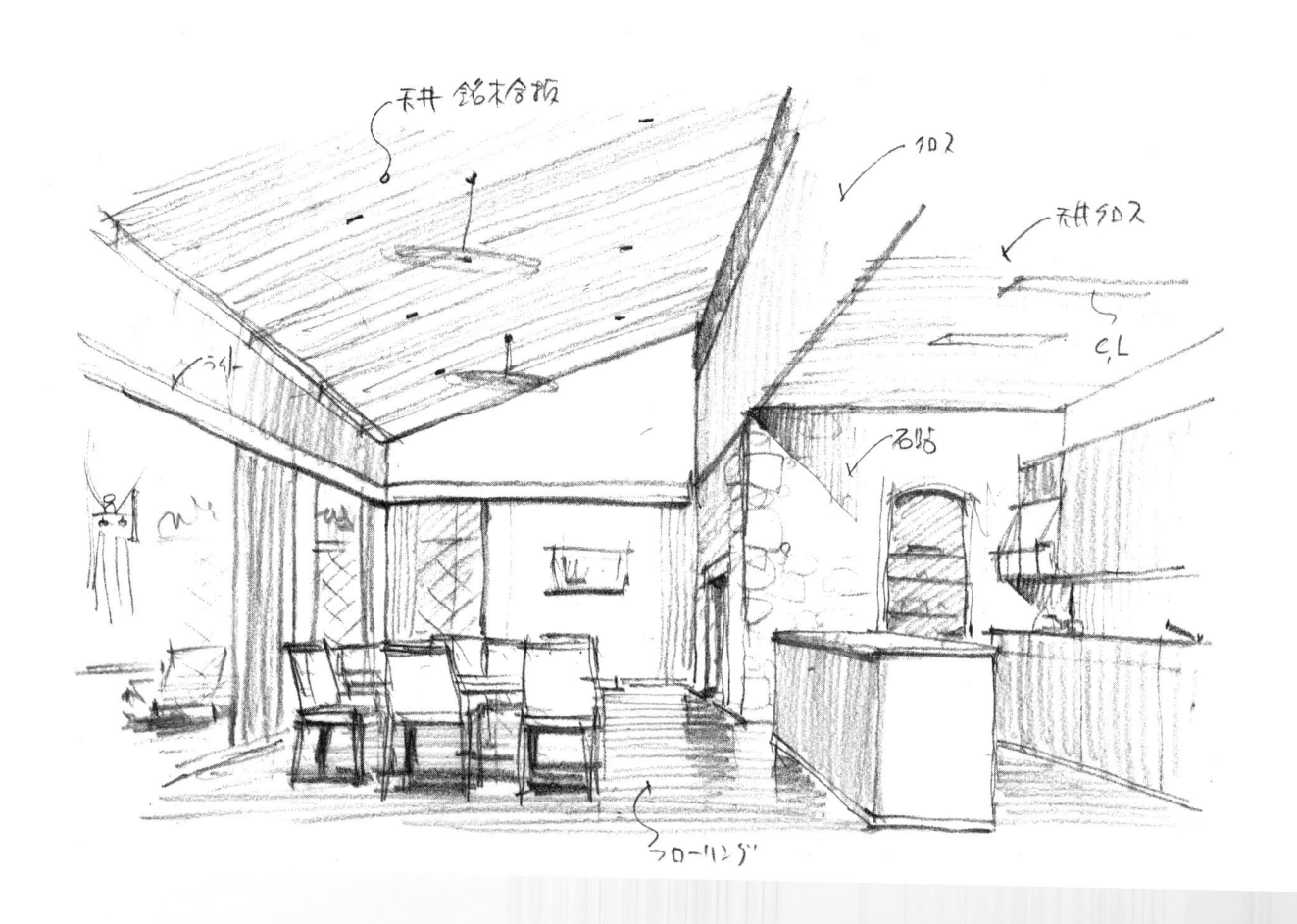

■材料見本

●窓の種類

開口部もさまざまな種類があります。材料の1つとして覚えておきましょう。

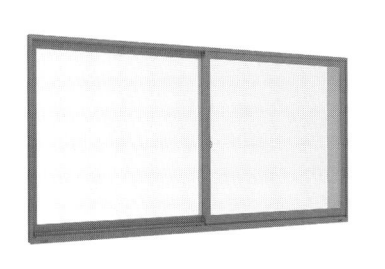

引き違い窓	外倒し窓	はめ殺し（フィックス）窓
すべり出し窓	ジャロジー	オーニング窓
ダブルハングル	出窓	三角窓
ドーマ	コーナー窓	天窓

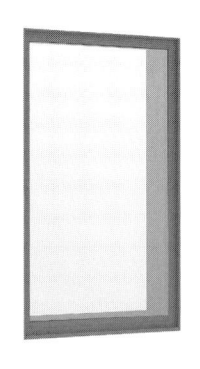

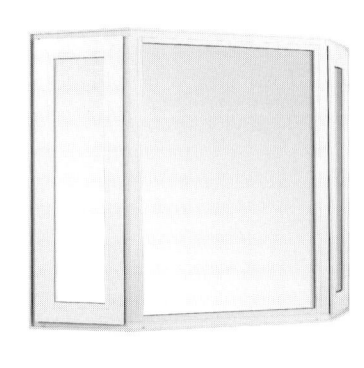

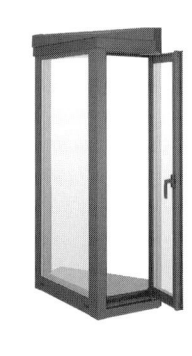

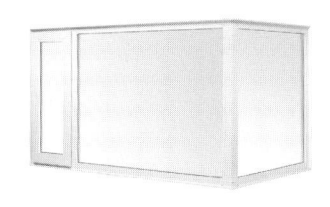

※画像資料提供：すべてF

● 木材の種類

オーク	 ゼブラウッド	 タモ（板目）
 チーク	 バーズアイメープル	 杉（柾目）

● 床材見本 （石・タイルについては壁材に使用することもあります。）

フローリング[C]	 パーケット
 コルク[D]	 カーペット[D]	 たたみ[C]

白御影石（磨き仕上げ）[E]	天然石（大谷石）[E]	天然石（ロスタグレイ）[E]
天然石（クリスタルベージュ）[E]	大理石（ディノスグリーン）[E]	大理石（アラベスカート）[E]
大理石（トラベルチーノ）[E]	大理石（ロッソマキャボスニ）[E]	大理石（マロンブラウン）[E]
長尺シート[D]	塩ビタイル[D]	タイル[E]

●壁材見本

〈木材の加工別使用法〉

羽目板[C] 　　　銘木ブロック[C] 　　　銘木合板[C]

〈塗り仕上げ〉

じゅらく[D] 　　　洗い出し[D] 　　　リシン吹き付け[D]

スタッコ[D] 　　　テラゾー[E] 　　　タイル[E]

〈タイル〉

● さまざまなビニールクロス

ベーシック	シンプル	ナチュラル
カジュアル	ポップ	アート
カントリー	シック	ゴージャス
ロマンティック	和モダン	和風（素朴）

※画像資料提供：すべて D

6 インテリアエレメント

■ ウィンドウトリートメント

　開口部、とりわけ窓からの光・風、外の音や視線、それぞれ必要に応じて取り入れたり遮断したいものは、過ごす時間帯や立地条件などによっても変わってきます。それを自由自在に変えるのが、ウィンドウトリートメントです。

◀ 1 ▶　カーテン

レースとドレープ[G] 　　　レースとケースメント[G] 　　　レースと遮光カーテン[G]

●カーテンの吊り方の種類

窓の部分だけ 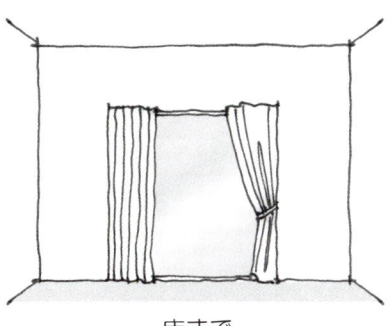　　　床まで 　　　天井から床まで

●カーテンレールの種類

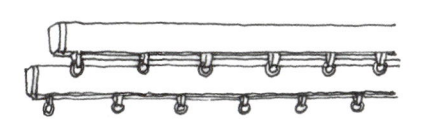

シンプルなアルミ製 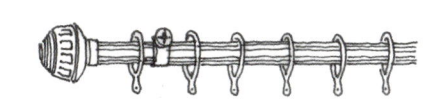　　　ゴージャスな樹脂製 　　　アンティークなスチール製

◀ 2 ▶ シェード

フラット
紐（針金）で両側と中央を引き上げるタイプ

ピーコック
裾の部分が孔雀（ピーコック）のような半円形を描く

オーストリアン
豊かなウェーブができる、別名ちりちりカーテン

ムース
中央の1本の紐（針金）で引き上げるタイプ

◀ 3 ▶ ロールスクリーン

やわらかい風合いが特徴ですが、透過性に注意が必要です。

※画像資料提供：すべて G

◀ 4 ▶　ブラインド

ベネシャン
主に事務所など職場に登場することが多く、機能性とモダンなイメージが特徴です。
住宅でも水まわりなどによく使われます。

木製ブラインド

バーチカル
広い開口面積をフォローできます。布製やアルミ製があります。

■ 床の質感、アクセント

　床の素材は、リフォームしなければ根本的には変えられません。しかし、季節や用途によって変えたいときもあります。そんな時、カーペットやラグを使えば手軽に変更することができます。

◀1▶　カーペット・ラグ

◀2▶　カーペットの織り方

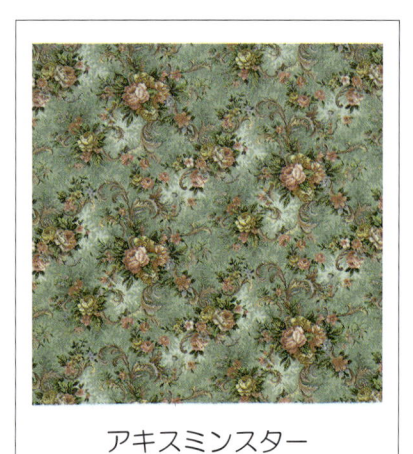

アキスミンスター
パイルを1本づつ切断して織るため、多色使いや複雑な柄が可能な高級品。グリッパー式とスプール式が代表的な織り方です。

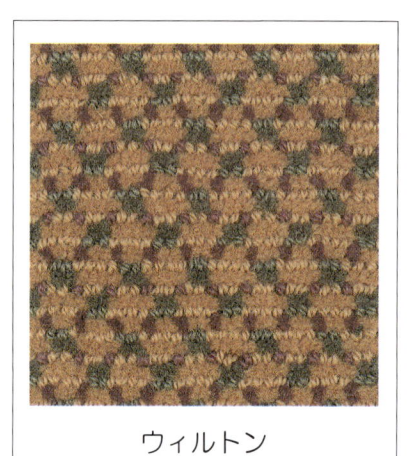

ウィルトン
ジャガード織機を使い基布とパイルを同時に織りますが、色や柄はアキスミンスターより少ない（2～5色）です。二重織りのものを「ダブルフェイス」といいます。

タフテッド
基布にパイルを差し込む、量産できる機械織りカーペット。ウィルトンの30倍の生産効率で、20世紀初頭のアメリカでの開発以降、大量生産が可能になったことでカーペットの普及に大きく貢献しました。

※画像資料提供：すべて H

◀ 3 ▶ カーペットのテクスチャー

ニードルパンチ

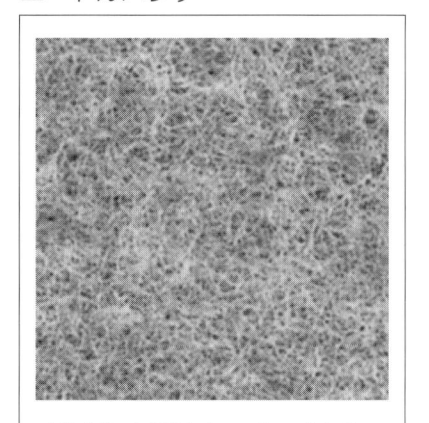

パイルのないカーペットで、フラットなテクスチャーが特徴。繊維を薄い膜状に引き伸ばし、重ね合わせて針で突き刺し、繊維を絡み合わせてつくります。

プラッシュ

パイルを毛足の長さ5〜10mm程度にカットした一般的なタイプ。繊細な柄に向いています。住宅に限らず、オフィス、公共施設などに広く使用されています。

カット＆ループ

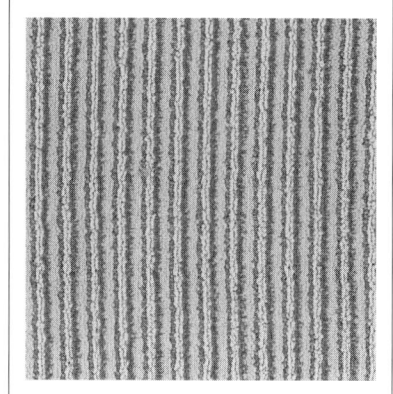

カットしたパイルと輪状（ループ）パイルを部分的に組み合わせて、高低をつけ、テクスチャーに変化を持たせたもの。装飾性が高いです。

シャギー

パイルの長さを30mm以上でカットした、太めの糸を粗く打ち込んだものです。たいへん装飾性が高いです。

レベルループ

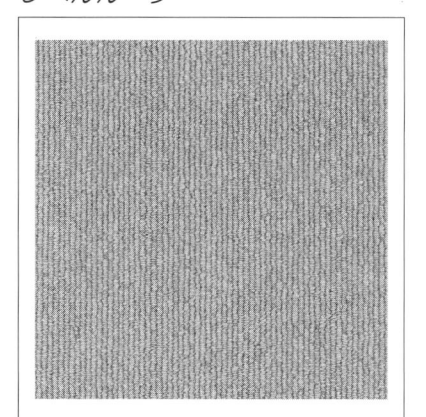

高さが一定に揃ったループパイルで、耐久性が高く、歩行性にも優れています。

ハイ＆ロー

ループパイルの高低に変化を持たせたもの。なかでも、規則性のないものをマルチレベルループといいます。

7 家具・アクセサリー

■家具の歴史

1100年代〜

ゴシック様式
（1150〜1500）
▽イタリア
豪華な木彫りと重厚な雰囲気。オーナメントを多用し、縦のラインが強調されています。

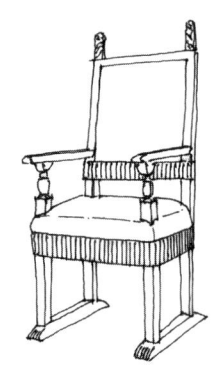

ルネッサンス様式
（1400〜1600）
▽イタリア→フランス・ドイツ・イギリス
シンメトリックで重厚。教権のシンボリックなゴシックに比べて、見るものから使うものとしての意識がみられます。

バロック様式
（1610〜1715）
▽フランス
豪華な木彫りと重厚な雰囲気。ゆがんだ真珠（バロック）の名のとおり、流動的な曲線や、直線との組み合わせが特徴です。

アーリーアメリカン様式
（1620〜1900）
▽アメリカ
無駄な装飾がなく直線的で素朴。ヨーロッパからの移民による影響を受けますが、序々に簡素化されています。

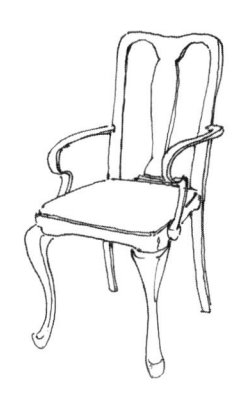

1700年代〜

クイーンアン様式
（1702〜1715）
▽イギリス
フランスロココより機能性が高く、太い猫脚と花瓶柄の背もたれが特徴。オランダの造形思想を色濃く受けています。

ロココ様式
（1723〜1775）
▽フランス、ルイ15世の頃
優雅で繊細。カブリオールという猫脚が特徴。家具そのものが室内装飾として意識され、貼地も壁面のタピストリーと同じ柄を使ったりしています。

ネオ・クラシック様式
（1774〜1784）
▽フランス
脚は直線先細式。背は楕円。ギリシャ古代建築をモチーフ。ルイ16世様式とも呼ばれています。皇后マリーアントワネットが、多くの職人を使って好みの椅子をつくらせたといわれています。

チッペンデール様式
（1740〜1778）
▽イギリス
背のリボンを結んだような形や中国の組み格子（パゴダバック）が特徴。宮廷と庶民の家具の格差をなくしたといわれています。

1800年代〜

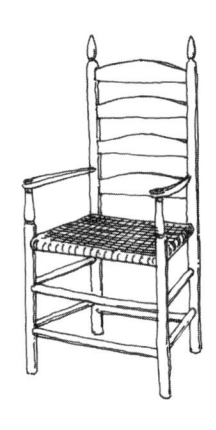

シェーカースタイル
（1774〜）
▽アメリカ
コロニアル様式ともいいます。シェーカー教徒によって確立された無駄のない機能的なデザイン。

コロニアル様式
（1789〜1830）
▽アメリカ
アメリカに渡ったオランダ系、イギリス系移民たちのそれぞれの文化をつくり上げた様式で、植民地スタイルとも呼ばれ、チッペンデールの影響を受けています。曲線や猫足が特徴です。

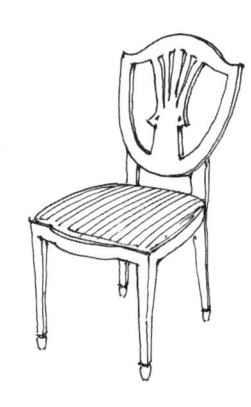

ヘップルホワイト様式
（18世紀後半）
▽イギリス
古典様式とロココ様式を折衷してシンプルにエレガントに、ヘップルホワイトがつくりだしました。脚部の直線と背部の曲線が絶妙です。

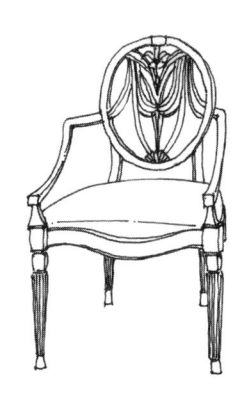

アダム様式
（18世紀後半）
▽イギリス
アダム兄弟が確立。背の三つ羽根模様が有名です。

シェラトン様式
（18世紀後半〜19世紀初頭）
▽イギリス
シンプルで機能的。直線的なデザインが特徴です。当時活躍のトーマスシェラトンの名から。

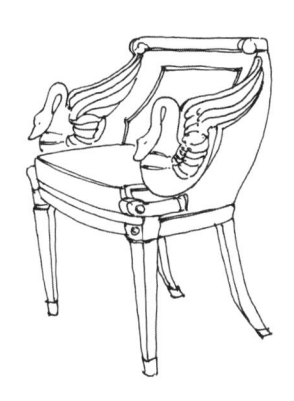

アンピール様式
（1804〜1815）
▽フランス
ナポレオン様式ともいわれます。スフィンクスやスワンやナポレオンのNがモチーフになっており、ナポレオンとともに凋落しました。

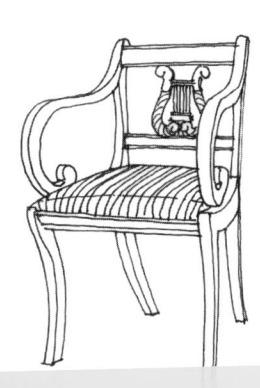

リージェンシー様式
（1811〜1830）
▽イギリス
直線的なラインに、荘厳なモチーフなどが特徴です。

ヴィクトリア・スタイル
（1837〜1901）
▽イギリス
ヴィクトリア女王時代、ルネッサンス、バロック、ロココ様式のリバイバル。形や装飾に誇張がみられます。日本のクラシック家具はこれが多いです。

1900年代～

曲げ木
(1840〜)
▽オーストリア→ヨーロッパへ
トーネットが木材を柔らかくして型にはめ込んで加工する方法を考案。量産できて安価。

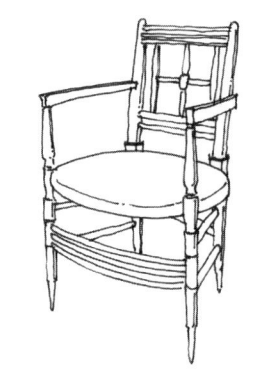

アーツ・アンド・クラフツ
(1860〜1900)
▽イギリス
中世のクラフトマンシップへのリバイバル。ウイリアム・モリスの赤い家が有名。

アール・ヌーボー
(1895〜1910)
▽ベルギー→フランス・全欧
新芸術運動。植物の曲線を室内や家具の構成原理としました。
(エクトル・ギマール)

ディ・スティール
(1917)
▽オランダ
画家のモンドリアン、建築家のリートフェルトによって提唱された造形運動。幾何学的形態の家具や空間を追求。
(ヘリオット・T・リートフェルト)

バウハウス
(1919〜1933)
▽ドイツ
ワイマールに設立された造形学校の名。規格されたモジュールを使ったユニット家具や住宅が有名。
(マルセル・ブロイヤー)

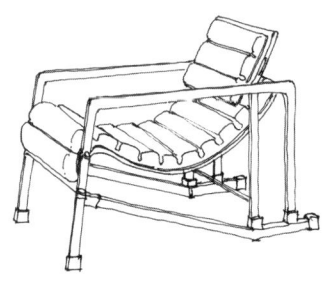

アール・デコ
(1920年代)
▽フランス→各地
フランスを中心にヨーロッパ各地に広がった様式。簡素な直線と幾何学的なパターンが特徴。
(アイリーン・グレイ)

インターナショナル
(1920〜1950)
▽アメリカ
アメリカの建築家、フィリップ・ジョンソンが提唱。スチールや皮を素材とした、無駄のないクールで現代的なイメージが特徴。
(ル・コルビュジエ)

スカンジナビア
(1930〜)
▽北欧
木や布を使用し自然を感じさせる家具。民族的伝統とモダンデザインの融合を図っています。
(ハンス・J・ウェグナー)

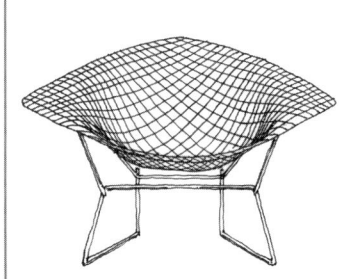

アメリカ
(1950〜)
▽アメリカ
スチール、ワイヤー、合板、プラスチックなど、新しい素材を使ったモダンなデザイン。
(ハリー・ベルトイア)

イタリアンモダン
(1950〜)
▽イタリア
大胆な発想のデザインと鮮やかな色彩が特徴。家具の分野におけるポストモダンの動きの中で主導的な存在。
(ヴィコ・マジストレッティ)

■ 有名な家具

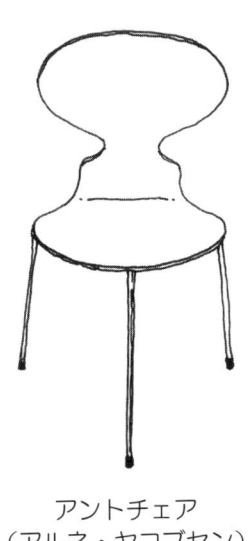

アントチェア
（アルネ・ヤコブセン）

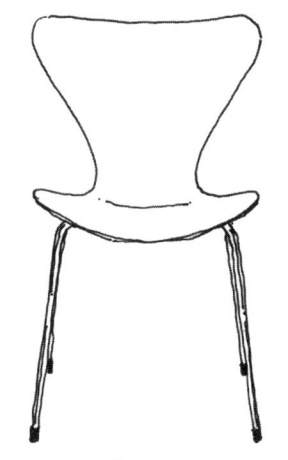

セブンチェア
（アルネ・ヤコブセン）

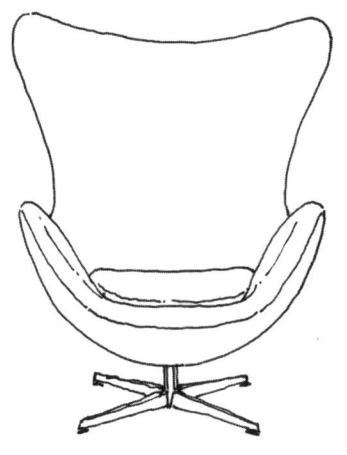

エッグチェア
（アルネ・ヤコブセン）

ヴァレットチェア
（ハンス・J・ウェグナー）

ピーコックチェア
（ハンス・J・ウェグナー）

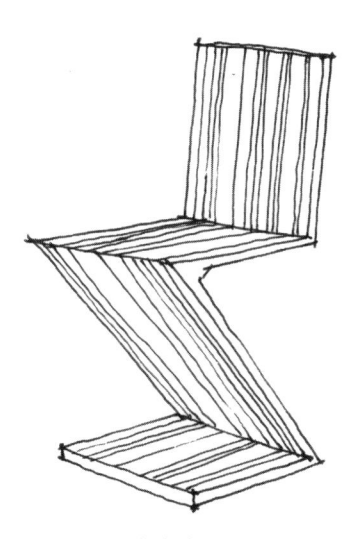

ジグザグチェア
（ヘリット・T・リートフェルト）

ラウンジチェア＆オットマン
（チャールズ・イームズ）

チューリップチェア
（エーロ・サーリネン）

バタフライツール
（柳宗理）

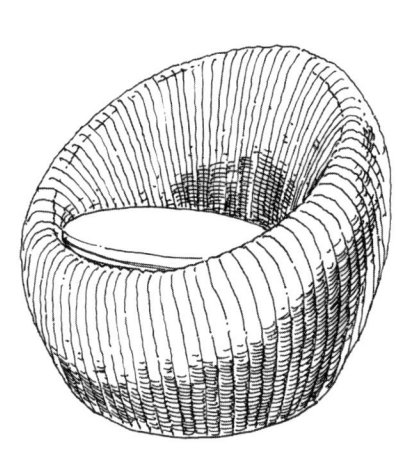

ラウンジチェア
（剣持勇）

（チャールズ・R・マッキントッシュ）

（アントニオ・ガウディ）

バルセロナチェア
（ミース・ファン・デル・ローエ）

サイドチェア
（ミース・ファン・デル・ローエ）

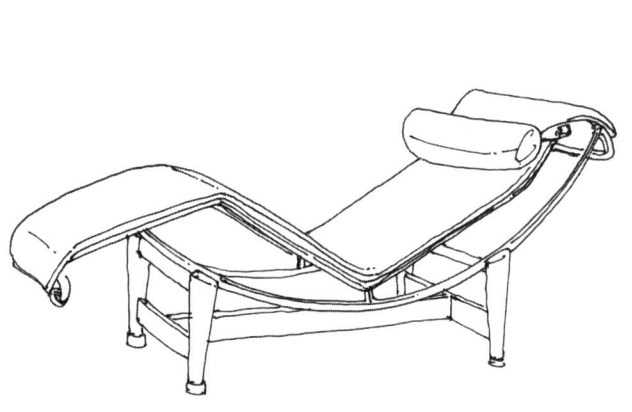

シェーズロング
（ル・コルビュジエ）

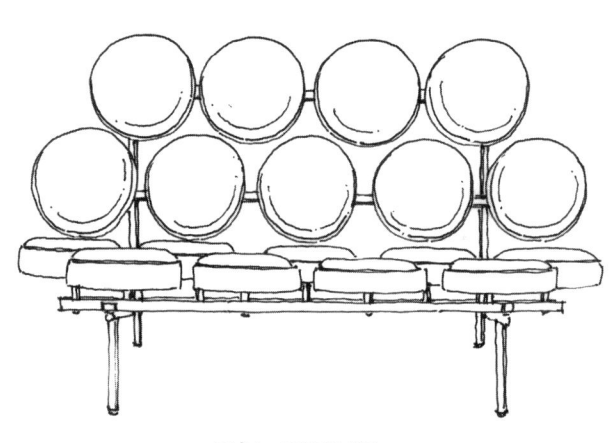

マシュマロソファ
（ジョージ・ネルソン）

■ 観葉植物

さまざまな観葉植物があります。緑を室内に置くことで、リラクゼーション効果があるといわれています。緑という色が視覚的にも癒し、蒸散作用による湿度調節も促すとされています。

1つの素材としてうまく使えば、一味違ったインテリアづくりができます。

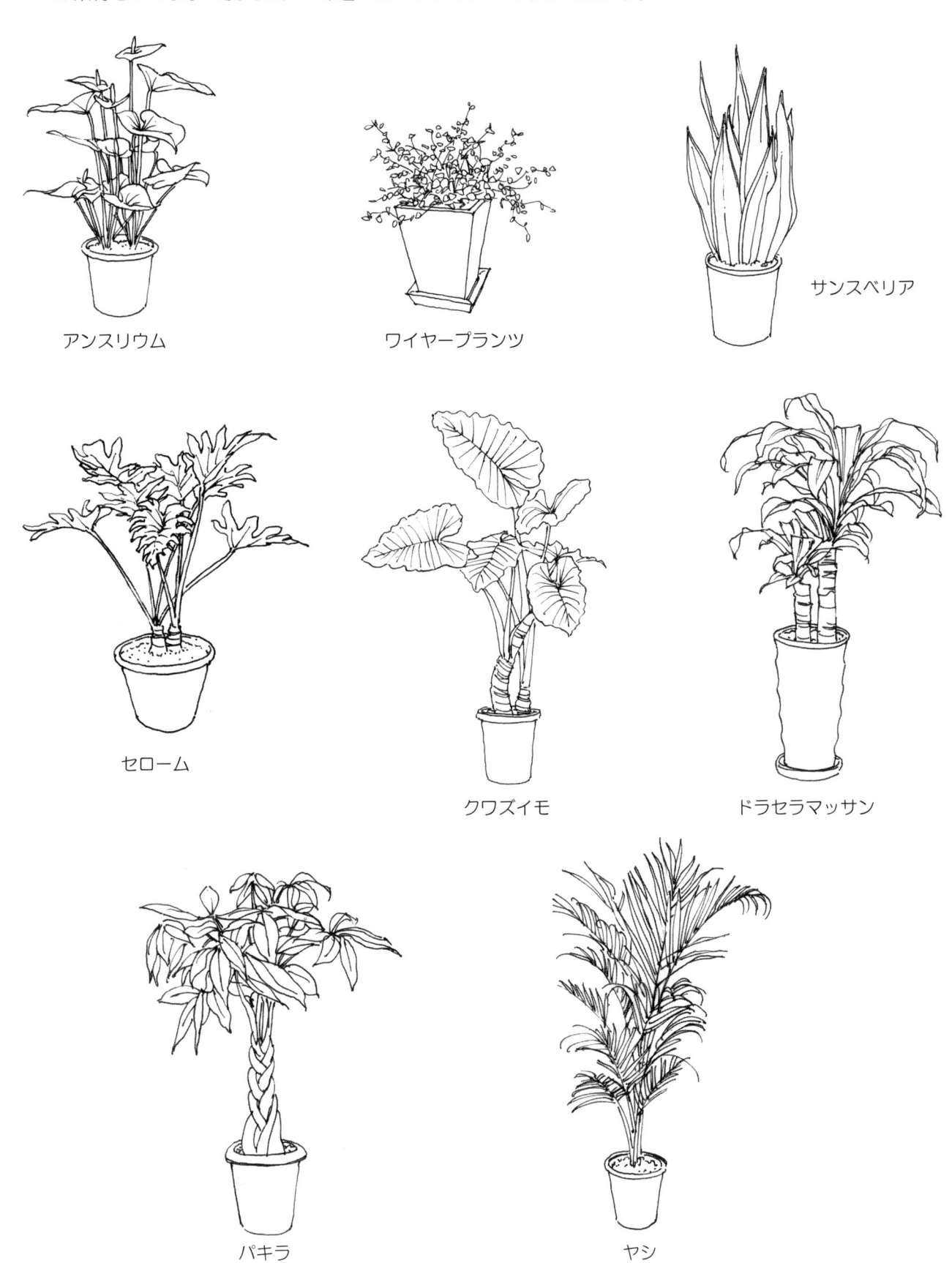

アンスリウム　　　ワイヤープランツ　　　サンスベリア

セローム　　　クワズイモ　　　ドラセラマッサン

パキラ　　　ヤシ

■ 和のテイスト

　最近では西洋化が進み、和洋折衷のモダンな部屋やフローリングの洋間ばかりのマンションなども増えましたが、やはりその地域の風土を活かした造りというのがどの国にもあるもので、日本では和室がそれに当たります。

◀1▶　和室の造り

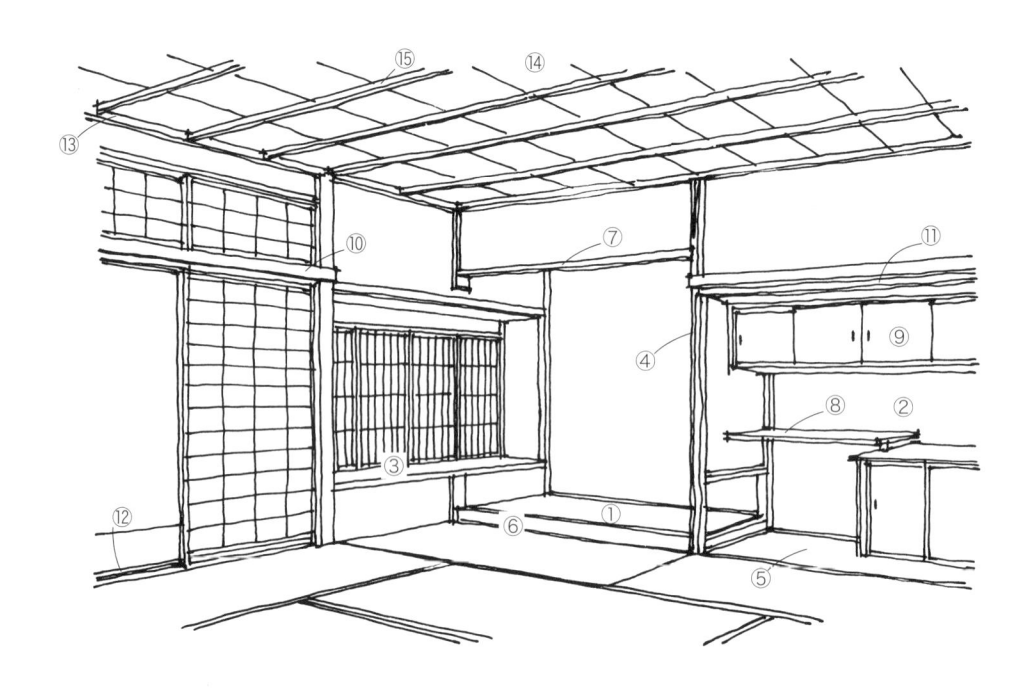

① 床（うすべり敷）
② 床脇
③ 付書院
④ 床柱
⑤ 地板
⑥ 床框
⑦ 落掛
⑧ 違い棚
⑨ 袋棚
⑩ 長押
⑪ 鴨居
⑫ 敷居
⑬ 天井回り縁
⑭ 天井板
⑮ 竿縁

◀2▶　畳の敷き方

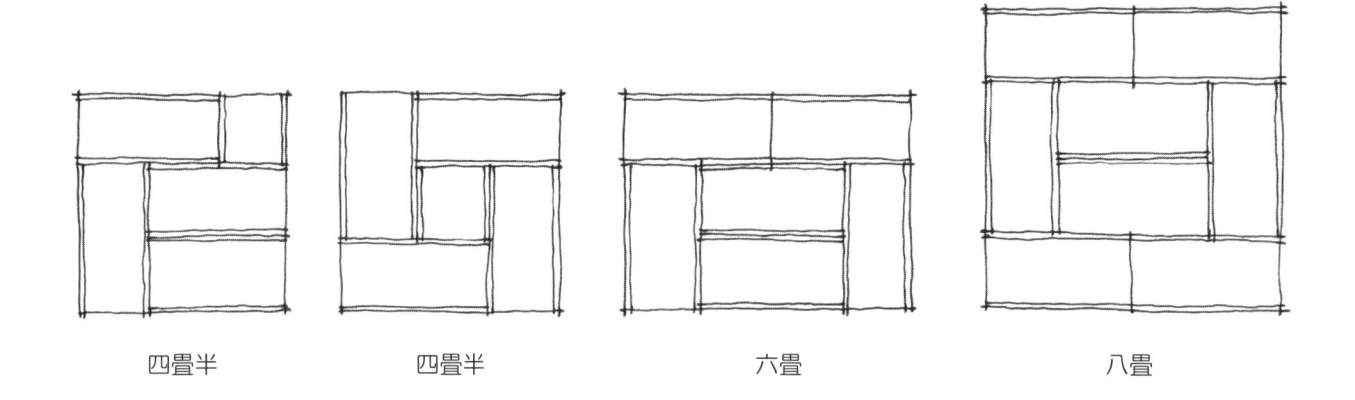

四畳半　　　四畳半　　　六畳　　　八畳

☞畳のサイズは決まっている・・・

　畳のサイズは、基本的に 900 × 1800 mm と決まっていると知っていましたか？　これはインテリアコーディネートをしていく者にとっては、敷き方と同様、常識中の常識です。しっかり覚えておいてください。

■ インテリアにおけるサイズ

　住まいの開口部や家具など、人間が使用するものは、もともと人間の寸法を考慮してサイズが決められています。人間の基本寸法を頭に置いて周囲を見渡すと一目瞭然。ベッド、出入り口のドア、椅子の高さ、テーブルの高さ、そして作業内容によるテーブルと椅子の高さなど、生活シーンによっても変わります。

◀1▶　人のモジュール

　目安として数値をあげています。各自でHに身長を入れるとおよそのモジュールがわかります（H＝1,650 mm を例にあげています）。

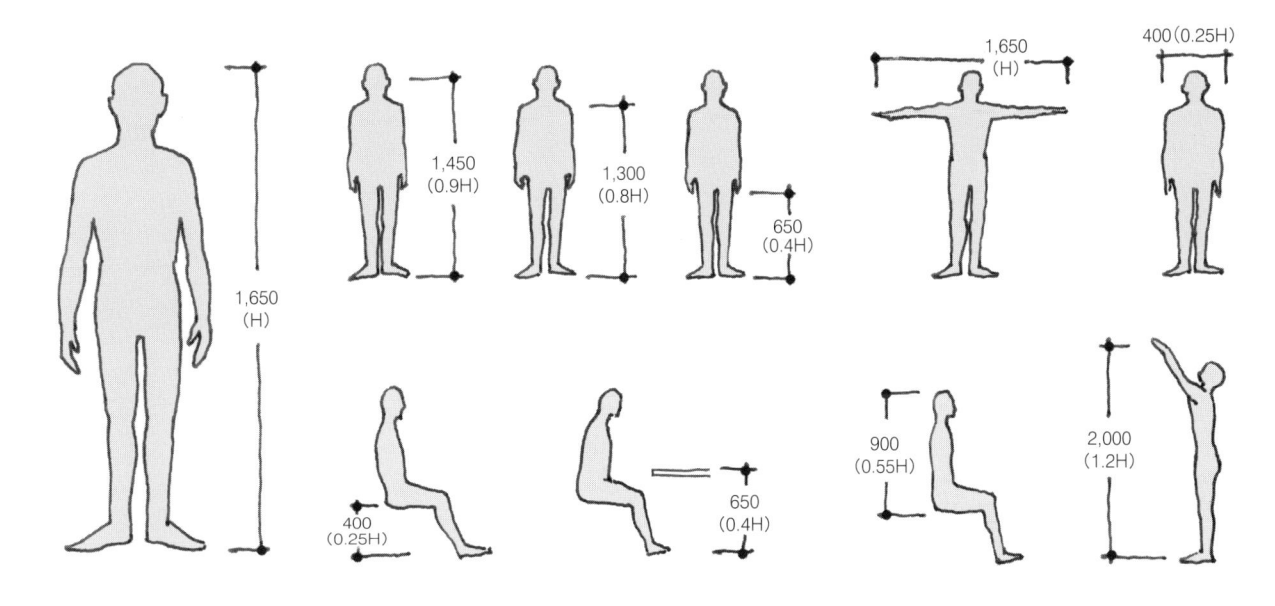

◀2▶　人間工学でサイズを考える

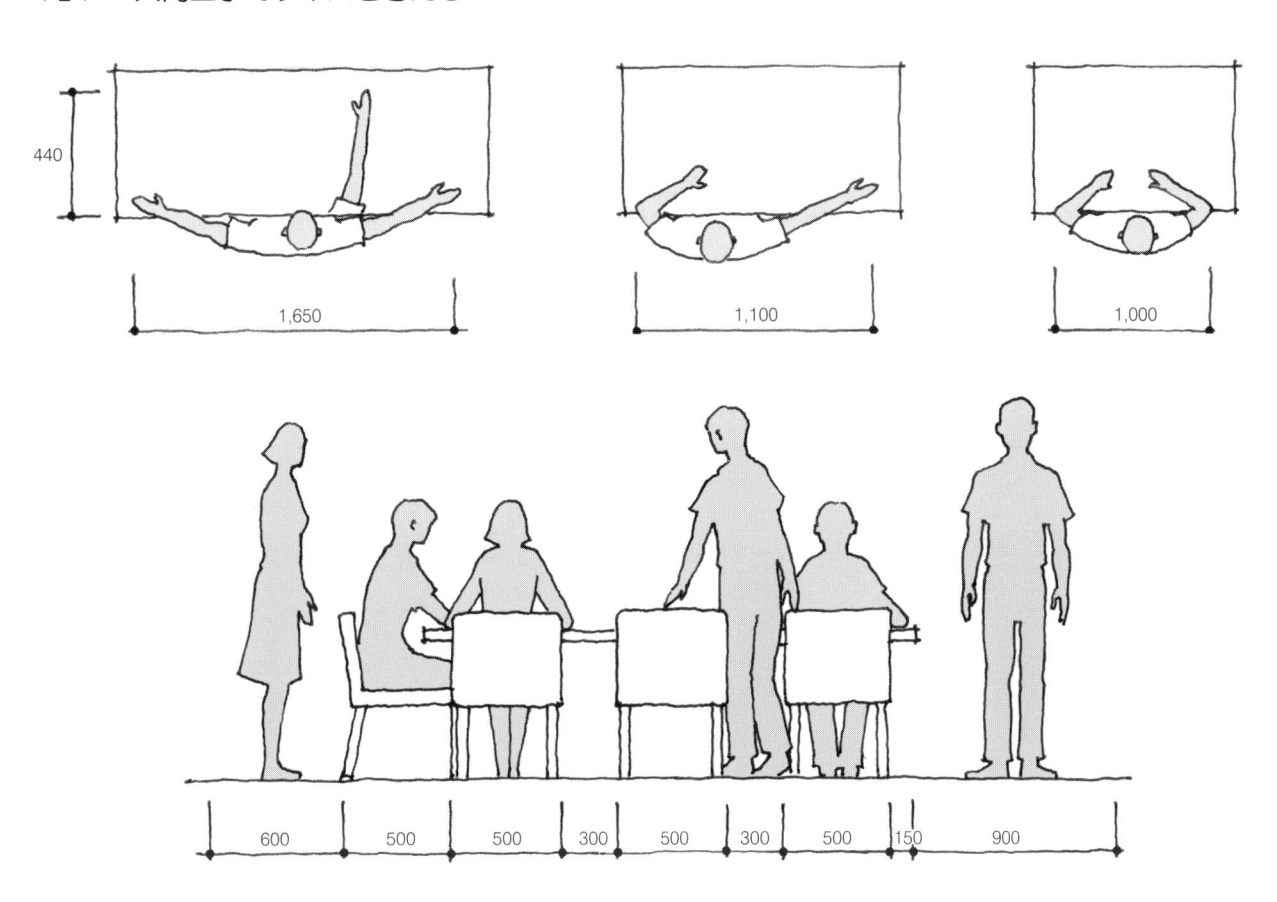

7　家具・アクセサリー

■ 覚えておきたい家具の基本サイズ

目安となる数値です。

◉ テーブルと椅子（書斎／オフィス）

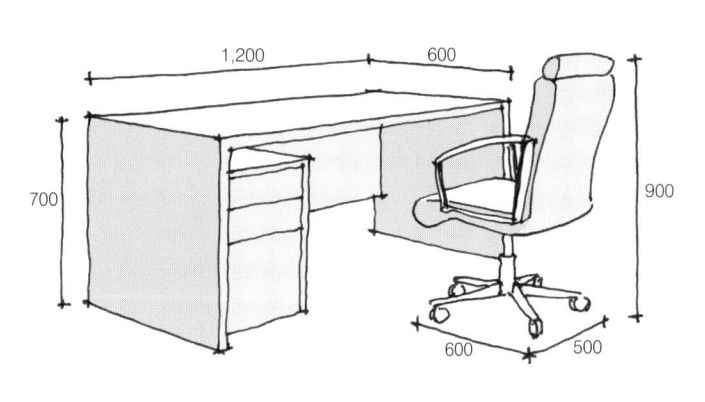

1,200　600
700
900
600　500

◉ テーブルと椅子（ダイニング）

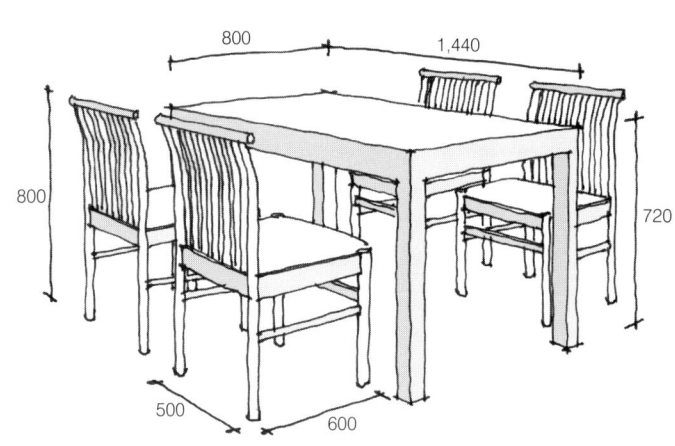

800　1,440
800
720
500　600

◉ テーブルとソファ（リビング）

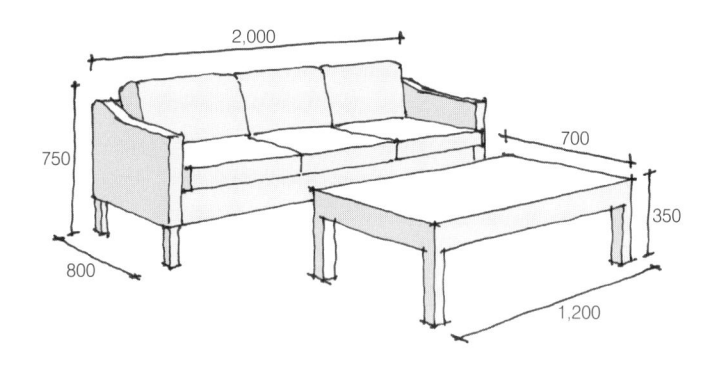

2,000
750
700
350
800
1,200

◉ ベッド

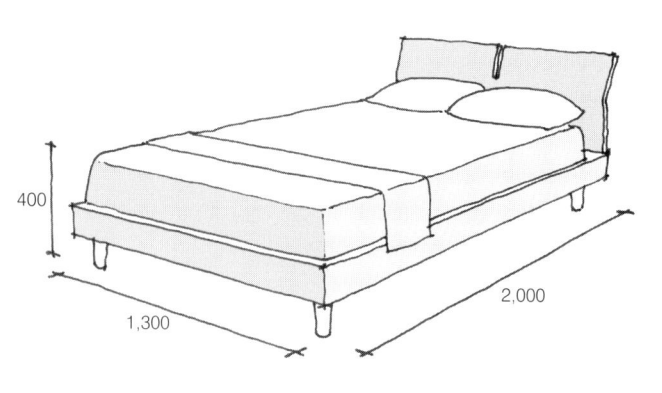

400
1,300　2,000

◉ 座椅子

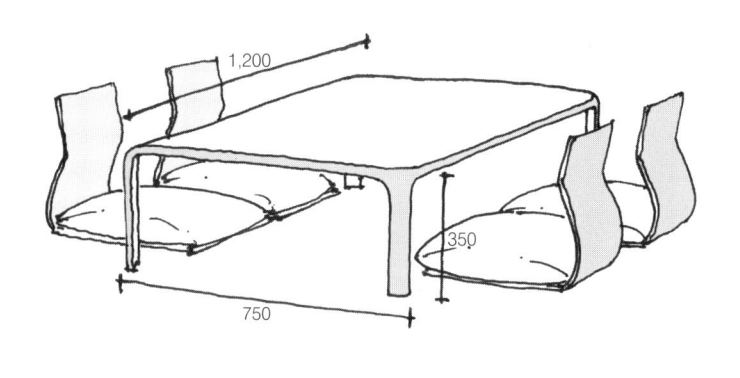

1,200
350
750

◉ 洗濯機

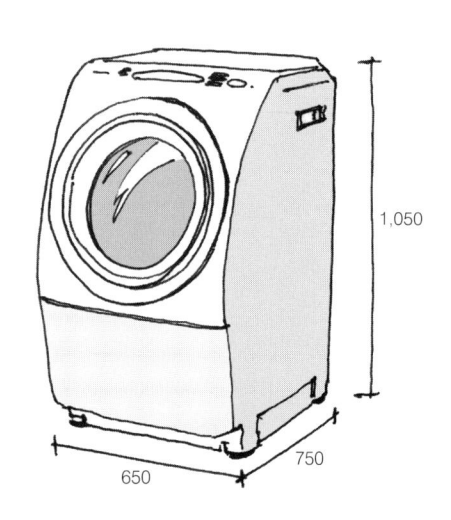

1,050
650　750

■ レイアウト集

　何から決める？　レイアウトを決定するときのポイントは、開口部の位置と配置するもののサイズです。開口部をふさいでしまっては、その部屋の出入りや換気に支障をきたします。ですから開口部のない場所に配置します。何から置いていいのかわからない、迷ってしまう、そんな時は、サイズの大きいものから位置を決定します。

　例えば、寝室ならばベッドの位置で、開口部をふさがないような場所を選んで配置します。また、家具を開口部から運び込むことができるかどうかも大切です。よく注意してください。

◀1▶　ソファをポイントとしてレイアウトした場合・・・

　ソファも使う人数によってさまざまです。ここでは、4人くらいまでが使用できることを想定したレイアウトを掲載しておきます。最近は、カウチタイプのソファがセットになったものもありますし、利用目的によって選べる幅が広がってきています。

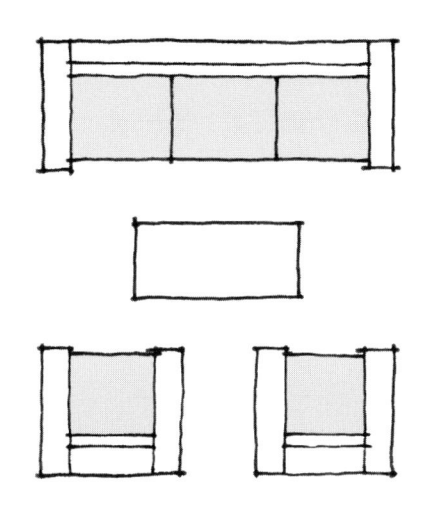

対面型はやや固めのレイアウト。接客などに向いています。

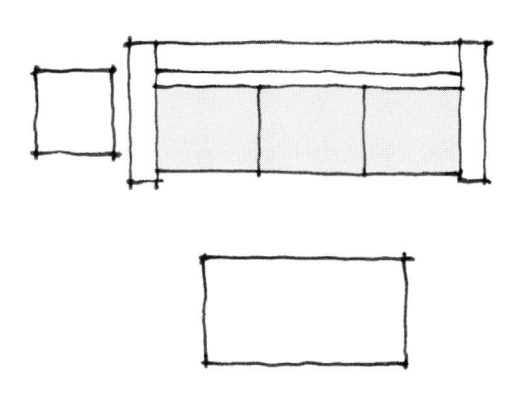

直列型はダイニングなどの間仕切りにもなり、部屋の有効活用になります。

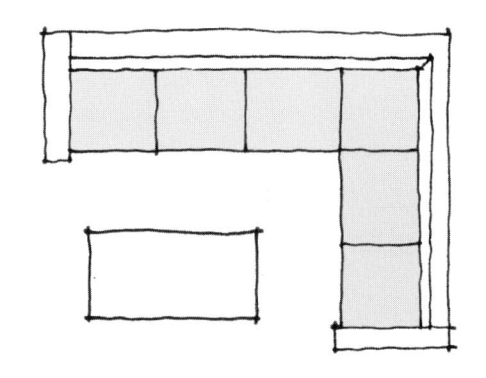

L型は対面より開放的。家族団らんなどに適しています。

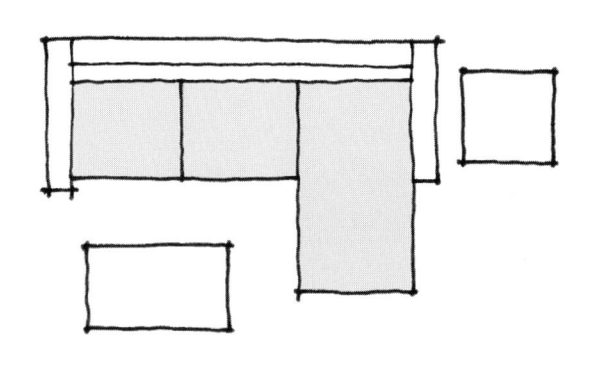

カウチタイプのソファセットはデザイン性とくつろぎの両面をカバーできます。

7　家具・アクセサリー

◀ 2 ▶ ベッドをポイントとしてレイアウトした場合・・・

レイアウトを考える前に、ベッドの目安となるサイズを押さえておきましょう。

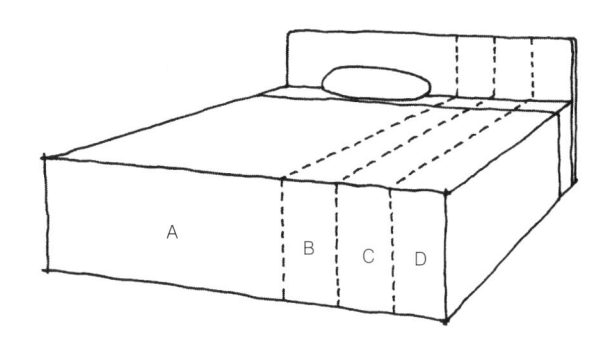

A　シングルサイズ（1,000 × 2,000 mm）
B　セミダブルサイズ（1,200 × 2,000 mm）
C　ダブルサイズ（1,400 × 2,000 mm）
D　ワイドダブルサイズ（1,600 × 2,000 mm）

それぞれの使用するベッドを把握した上で、レイアウトを考えることが必要です。
　その場合の基本的なレイアウトを下記にあげてみました。誰も通り抜けることができない部屋では困りますから、レイアウトの際に参考にしてください。

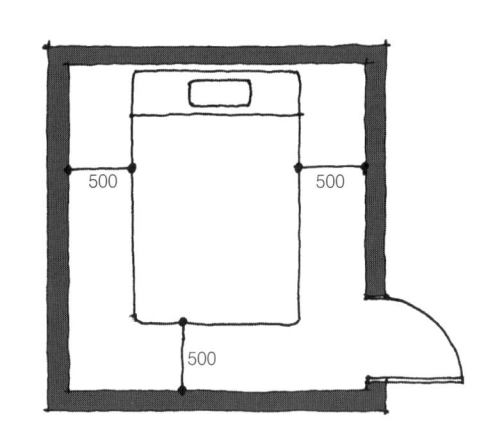

どんな部屋にあわせるにせよ、壁からベッドまでの距離は、最低でも 500 mm はとっておきたいものです。これは最低限、人が通り抜けるのに必要とされる幅だと思っていてください。

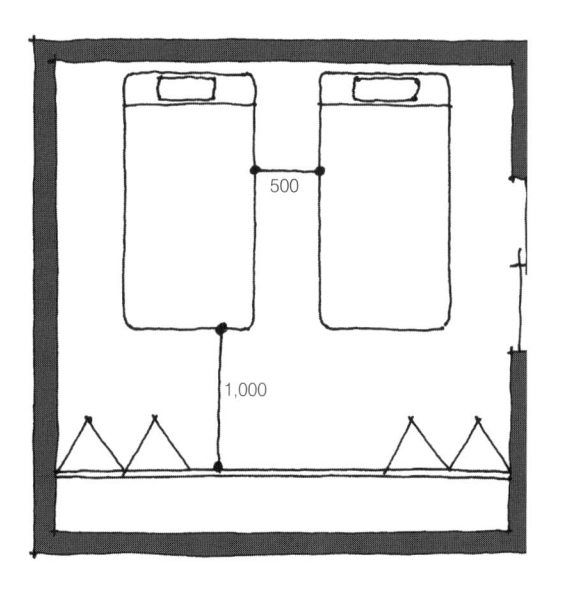

クローゼットなどの収納家具があるベッドルームでは、さらにその開口部分のドアが開いたときのことを想定する必要があります。
この扉の幅を 500 〜 600 mm と考え、ベッドからクローゼットの開口部分まで、最低でも 1,000 mm はスペースにゆとりを持たせておきたいところです。

8 キッチンの設備

生活に密着した機能性が求められるスペースでは、設備の充実は欠かせません。

暮らしの動線を考えた設備の選択とレイアウトが、その後の暮らしやすさを左右するといっても過言ではないのです。その実現のためには、使う人の動線を考慮する必要があります。

◉ **キッチン**

キッチンの作業といえば、当然、料理をつくることなのですが、料理といっても野菜を洗ったり、切ったり、そしてガスレンジを使ったり、冷蔵庫やダイニングテーブルとの間を行ったり来たり・・・、作業遂行のためにはさまざまな動きがあります。その作業動線がシンプルであるほど、効率的な作業空間であるといえるのです。

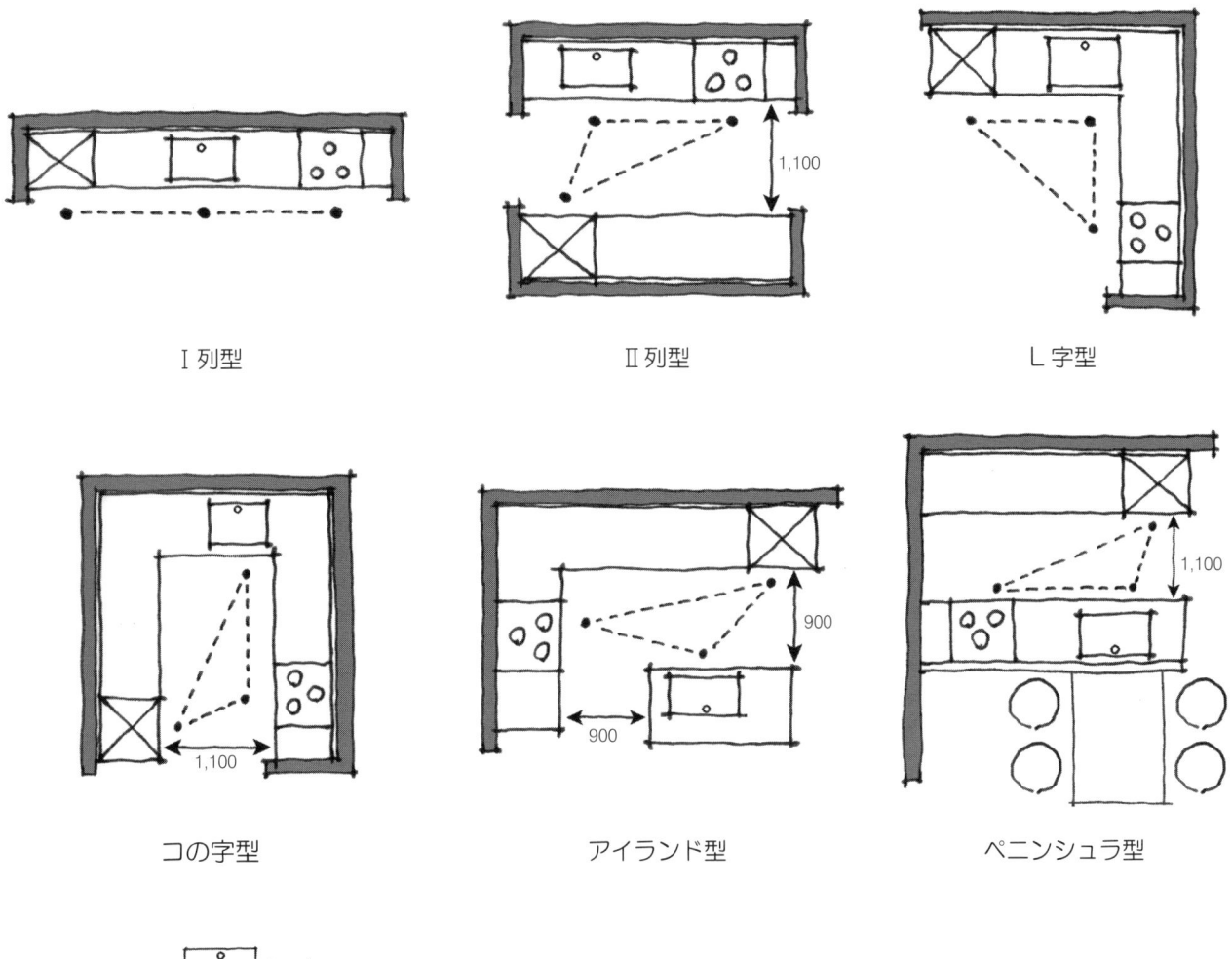

Ⅰ列型　　Ⅱ列型　　L字型

コの字型　　アイランド型　　ペニンシュラ型

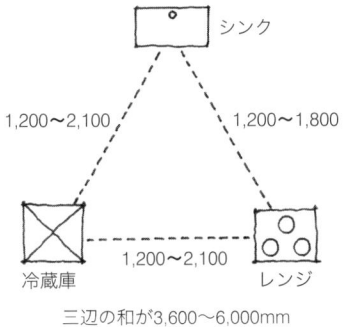

三辺の和が3,600〜6,000mm

キッチンの作業の動線をあらわすのに、ワーキングトライアングルという考え方があります。シンク、加熱機器、冷蔵庫の中心を3つの頂点とする三角形として見る考え方で、レイアウトによってどれだけキッチン内での動きの負担が変わるのかをチェックするのに、非常に便利な手法です。

9 照 明

かつては、照明といえば明るい蛍光灯を指していましたが、最近では明るさだけでなく、インテリアの雰囲気をつくる1つの道具としてもその存在がとらえられています。

照明の用途によって使い分けたい光源（ランプ部分）の種類と、部屋のアクセントとしても有効な照明器具の種類を覚えておきましょう。

■ 照明の種類と照明範囲の目安

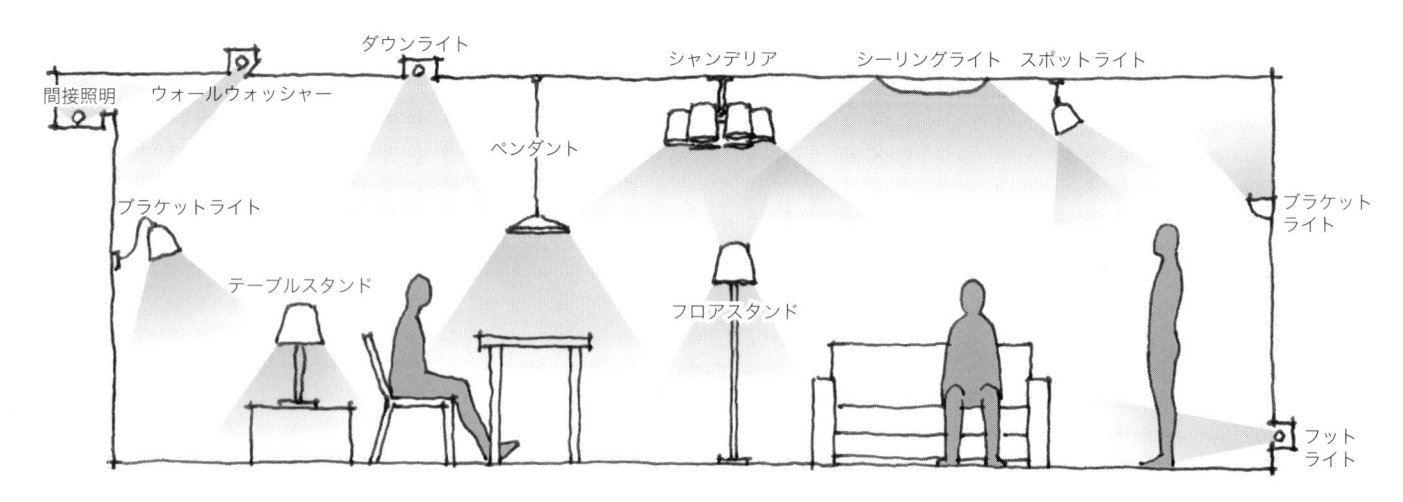

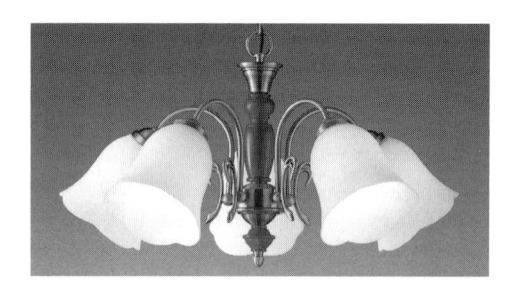

シャンデリア
たくさんの光源が集まっており、装飾的で、光もさまざまな角度に広がるのが特徴。

ペンダント
食卓などによく使用され、デザイン性や照度によって、その場所の空気まで変わります。

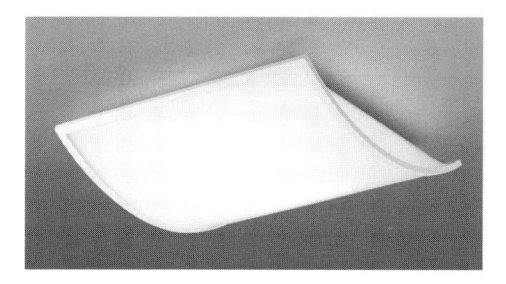

シーリングライト
天井に直に取り付けられ、部屋全体の照明に使われます。リビング、寝室、子供部屋など使用頻度は高いです。

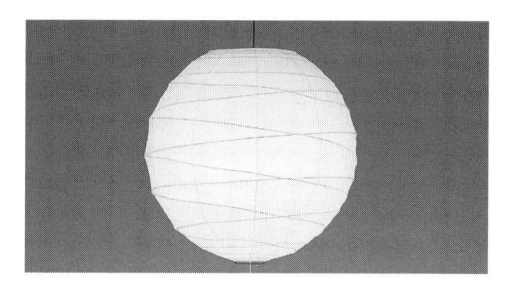

ちょうちんライト
竹ひごを骨組みとし、その周囲に障子紙が貼ってあります。和風の雰囲気でありながら、洋風にも使用できます。

※画像資料提供：すべてA

ブラケットライト[A]
壁に取り付けるタイプの照明。明かりが欲しい壁面に適しています。

スタンドライト[A]
部分照明としても有効な照明。点灯されていなくても部屋の雰囲気に十分な影響を与える装飾品としても利用されます。

ダウンライト[A]
天井に埋め込み、真下を照らします。天井面から壁面を斜めに照らすウォールウォッシャータイプも。

スポットライト[A]
一部分を集中的に照らす強調的なライト。

ここにあげた3点は、店舗用にデザインされた照明器具ですが、インテリアイメージにあわせて、住宅の照明に取り入れるのも面白いでしょう。

■ 光源の違い

光源の種類は蛍光灯と白熱灯に大別され、その長所と短所によって使い分けられます。

◀1▶ 白熱灯の特徴

- 色　　　　　　　：黄色みを帯びたやわらかく温かい色。
- 使用場所　　　　：陰影に富んだ明かりで部屋を演出することが可能。つまりインテリアを立体的に見せたり、料理をおいしく見せるような演出が必要なところでの利用価値が高く、店舗などでもよく使われます。
  　　　　　　　　　＊家庭であれば、リビング、ダイニング、ベッドルームなどを中心に、くつろぎのスペースではどこでも使用されます。
- 点灯までの時間　：瞬時に点灯。
- 設備費　　　　　：消費電力は蛍光灯のおよそ3倍といわれますが、商品そのものは安価。
- 寿命　　　　　　：短い。

◀2▶ 蛍光灯の特徴

- 色　　　　　　　：一般的に青みを帯びたクールな光。
  　　　　　　　　　＊ただし、最近ではあえて白熱色の蛍光灯が売り出されており、温かみのある光を演出できるようにもなっています。
- 使用場所　　　　：光が拡散し、フラットな面光源であることから、広い範囲の照明によいとされています。つまり、作業ごとなど、影ができることを避けたい場所、まぶしさの少なさを求める場所での利用価値が高いです。
  　　　　　　　　　＊家庭ではリビング、子供部屋、キッチン、ユーティリティなど、作業を要する場所で利用されます。
- 点灯までの時間　：点灯には時間を要します（ラピットスタータは即時）。
- 設備費　　　　　：安定器が必要で初期設備費は高価。消費電力は少なく経済的。
- 寿命　　　　　　：長い。

◀3▶ 明るさと照度基準

「明るさ」は、インテリアのイメージや作業効率を決定する重要な要素です。「照度」とは、その明るさの目安となる単位で、一定の面に入射する光の量を表わします。

JISにおいても照度の推奨値として基準は設けられています。照度計もありますし、慣れてくればすぐに基準は覚えられると思いますが、それまでは、目安として利用するとよいでしょう。

❖住宅の照度基準

	(lx) 2,000	1,500	1,000	750	500	300	200	150	100	50
住 宅		◇手芸　◇裁縫　◇ミシン				◇調理台　◇食卓				
			◇読書　◇勉強　◇電話　◇化粧			◇テーブル　◇座卓　◇玄関　◇飾り棚　◇洗濯		全　般		

■電球の種類

①普通球、ボール球 一般的なランプ。白色と透明があります。	⑦直管蛍光ランプ FHF スリムで照明器具のコンパクト化が可能。
②クリプトン球 クリプトンガスで長寿命。ダウンライトなどに多用。	⑧丸形スリム蛍光ランプ FHC 直径 16.5 cm を実現した環形蛍光ランプ。
③ナツメ球 多灯使用のサイン用。	⑨丸形蛍光ランプ FCL 一般照明用として使用の丸形蛍光ランプ。
④ダイクロイックハロゲン球 シャープな配光。	⑩電球形蛍光ランプ EFA コンパクトな電球形蛍光ランプ。
⑤ハロピン球 ラインボルト仕様のピン型ハロゲンランプ。	⑪電球形蛍光ランプ EFD インバータにより瞬時点灯が可能な蛍光灯。
⑥直管蛍光ランプ FL 一般照明用。広範囲をムラなく照らします。	⑫LED ランプ フィラメントなしで半導体自体が発光します。発光ダイオード使用球。長寿命。

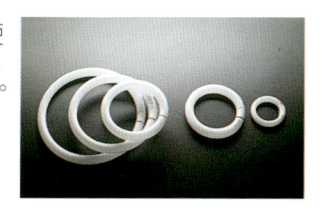

※画像資料提供：すべて A

10 プラン・コーディネートのテクニック

■ レイアウトのコツ〈リビング〉

ソファの位置とテレビを見る空間を同時に考えます。電化製品の配置はコンセントにも要注意です。

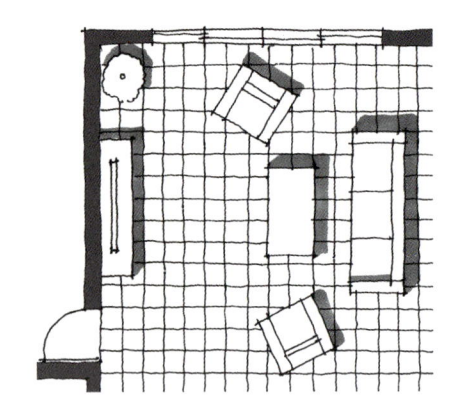

セミナチュラル
中間色を多用し、心地良い空間に。家具も直線的レイアウトをさけると雰囲気を和らげることができます。

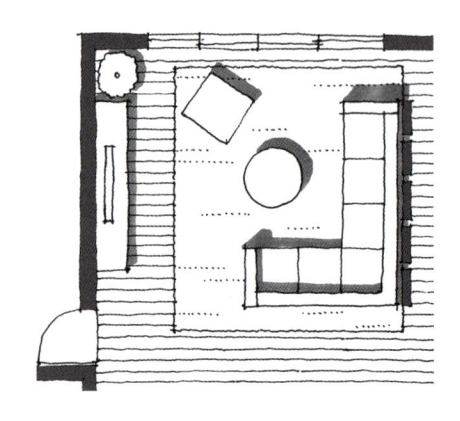

モダン
格調の中にも、だんらんの間を考えたレイアウト。家具はＬ型に配置。床、壁材はシックな色調でまとめています。

■ レイアウトのコツ〈ダイニング〉

ダイニングテーブル、シンクまわりの照明位置、デザインと共に家具レイアウトを同時に考えていきます。

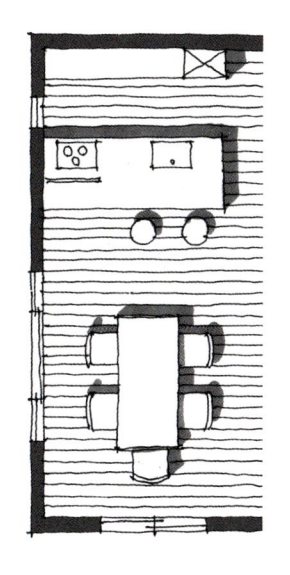

ナチュラル
素材は自然な色を活かし、家具レイアウトも余裕をもったシンプルな配置です。必要最低限の動線を確保しています。

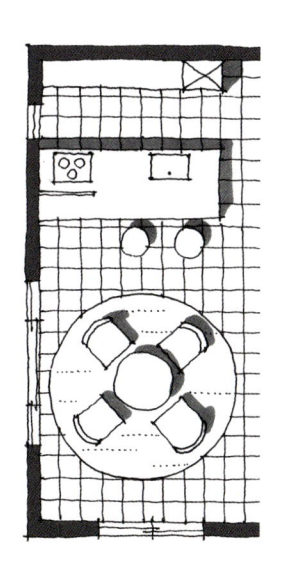

クラシック
床にはラグを、造作および家具もクラシックにゴージャスにしています。レイアウトもぜいたくに空間を使って、ラウンジ風にまとめています。

10 プラン・コーディネートのテクニック

■ レイアウトのコツ〈ベッドルーム〉

なんといってもベッドの配置が最初に決めるべき内容。開口部を閉じないように注意しましょう。

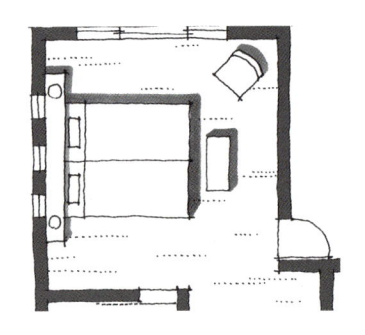

エレガント
赤系の色をアソートカラーに使用して、エレガントな空気をつくっています。カーテン、照明、家具はそれにあわせてクラシックタイプでまとめています。

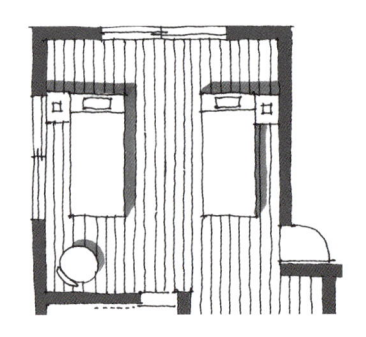

和風モダン
和を意識した天井・床の木、壁のジュラクで落ち着いた雰囲気に。シンプルな洋風家具でモダンにまとめました。

■ レイアウトのコツ〈子供部屋〉

勉強する場所であり、就寝の場所でもあります。機能的かつ落ち着きもほしいところです。

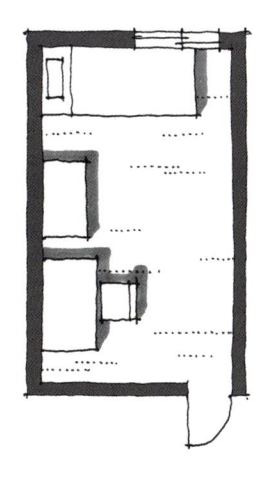

カジュアルエレガンス
可愛い色使いと家具タイプで、女の子向けの部屋にまとめています。腰壁に変化をつけることで、部屋全体の印象がさらに優しい感じに仕上がります。

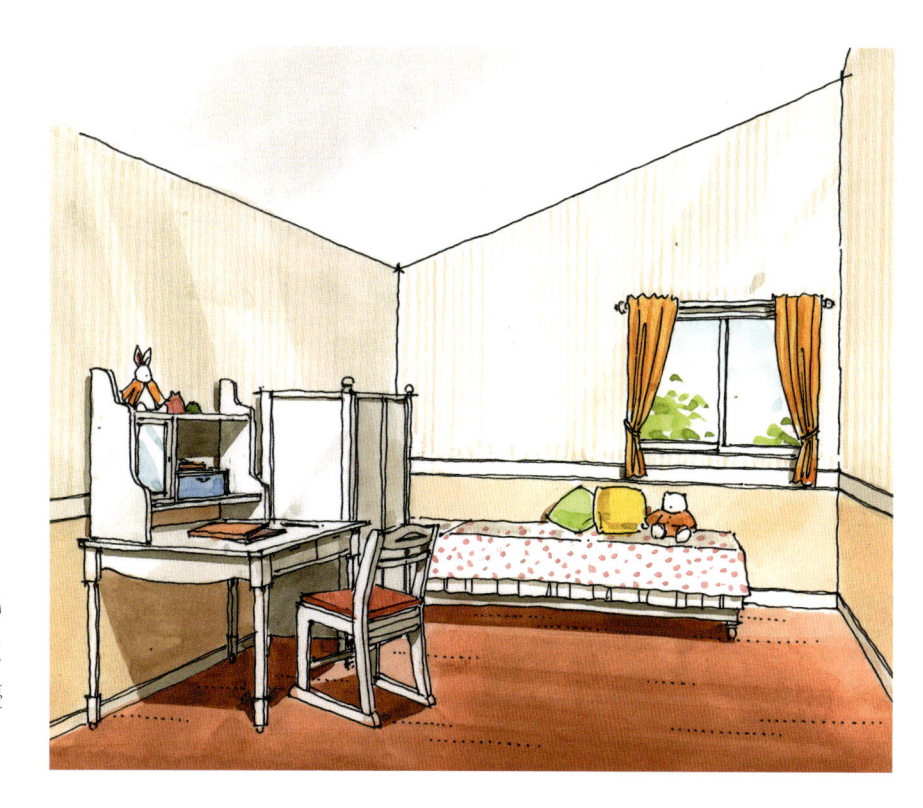

■ レイアウトのコツ〈書斎〉

趣味の部屋として実現をはかるために何が必要かを考えて、レイアウトしましょう。

ハードモダン
開放感重視のレイアウトに仕上げるべく、L型の机と連続した書棚の配置で機能性を重視しています。

11 プレゼンテクニック

■ プレゼンの重要性

　最近は、一般向けのインテリア誌もたくさん出版され、ずいぶんと専門知識に詳しいクライアントが増えました。しかし、目に見える部分での意匠には詳しくなっても、それを実現する方法、実質的な材料のことまでは手が回りません。もちろん、そういう事情の中で専門家として、我々がクライアントのイメージを実現すべくプランをたてて実行していくのですが、その際にクライアントの意図をくみ、さらにその実現方法をこちらから正確にクライアントに確認していく作業は非常に重要になります。

　この作業がプランの「プレゼンテーション」です。

　プレゼンテーションに必要となるツールは、たくさんありますが、基本的なものは、p.20～21に示したとおりです。

　ここでは、実際にプラン例にあわせてプレゼンツールを提示します。この方法しかないという訳ではありません。あくまでも基本的な内容です。これをもとに、イメージにあったオリジナルなもので、クライアントとのイメージの確認をしてください。

■ プレゼンテーションツールの種類

　その種類は、大きく分けて5種類あります。事例を提示しますので、自分のプランをプレゼンするときにぜひ利用してみてください。

◀1▶　イメージボード
①コンセプトボード
　デザインの意図をイメージさせる写真のコラージュや文字にしたものなどをレイアウトし、設計者の気持ちを伝えることを目的としたものです。

初期のプレゼンテーションに使用されるものです。コンセプトを伝えることに焦点をあてて、イメージの確認に使用されます。

イメージの確定のために具体的な器具や家具を入れることは非常に有効なプレゼンです。

②加工図面

簡単な図面を着彩や影をつけるなどして、その動作やゾーニングをわかりやすくしたり、イメージしやすくすることを目的としたものです。

＜マーカーによる着彩＞

多色のマーカーから適当な色を選び、着色するだけなので簡単に手早く仕上げることが可能です。

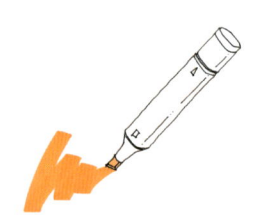

＜色鉛筆による着彩＞

マーカーと同様に最初から色が揃っているため手軽に着色できる手法で、用具代金を考えると安価にそろえることができます。ただし仕上げには若干時間を要します。

＜水彩による着彩＞

色を自分でつくることから、使用色は無限の可能性があります。また細部の着色が可能という点でかなりおすすめのテクニックといえます。欠点は、ムラになりやすいということでしょう。これは練習あるのみ。

◀2▶ パース（完成予想図）
　図面をもとに図法で線画を起こし、それを着彩するなどして図面を「絵」にしたものです。
完成予想図とも呼ばれます。

＜マーカー仕上げ＞
　ナチュラルなリビングで、広範囲にわたる木部分の着彩の表情のつけ方がポイントです。

＜色鉛筆による着彩＞
　エレガントなリビングを、色鉛筆で色を重ねることで仕上げています。微妙な風合いを出すのがポイントです。

＜水彩による着彩＞
　外観パースは、明確な完成イメージを示すのに必須といえるでしょう。形、材質、色彩などをわかりやすく伝えられます。

◉立面図着彩

＜マーカーによる着彩＞
　たんなる立面図もこんな風に仕上げると、パースと遜色のない状態で使用できます。影の入れ方が立体的に見せるコツです。

◀3▶ カラースキーム（サンプルボード）

色彩計画をボードなどにまとめたものです。仕上げ材の色とも同様になることから、サンプルボードと呼ばれるケースもあります。

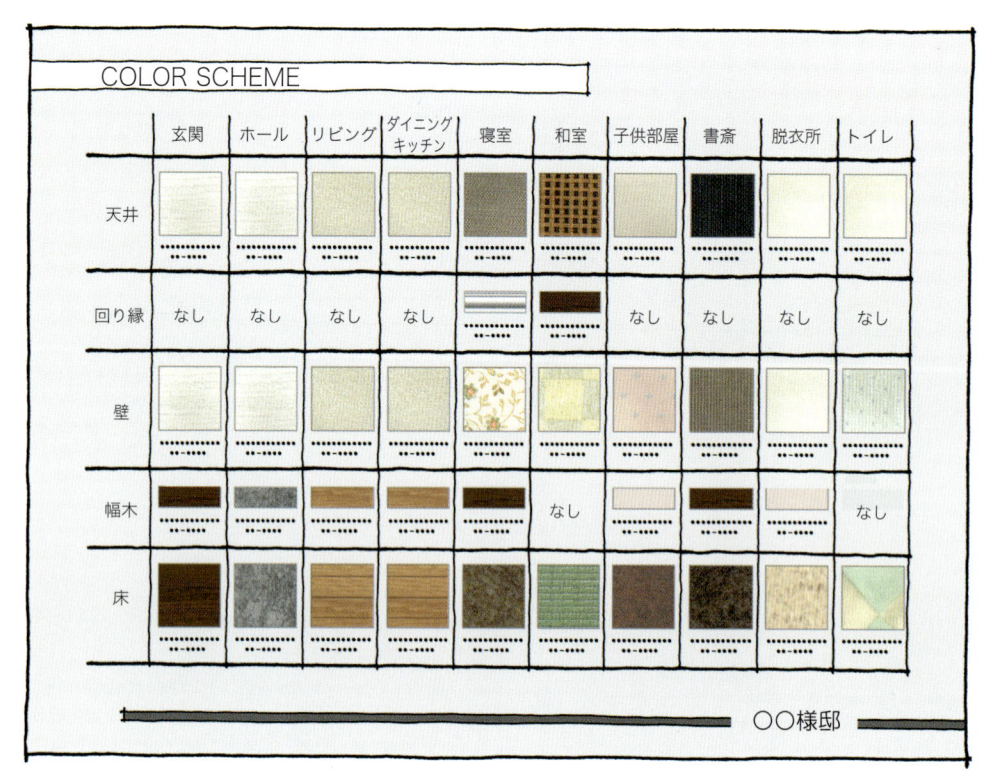

クライアントとの打ち合わせに使用しますが、決定後、現場において担当者との確認にも使用します。
現場担当者はこれに基づいて材料の手配、確認を行います。

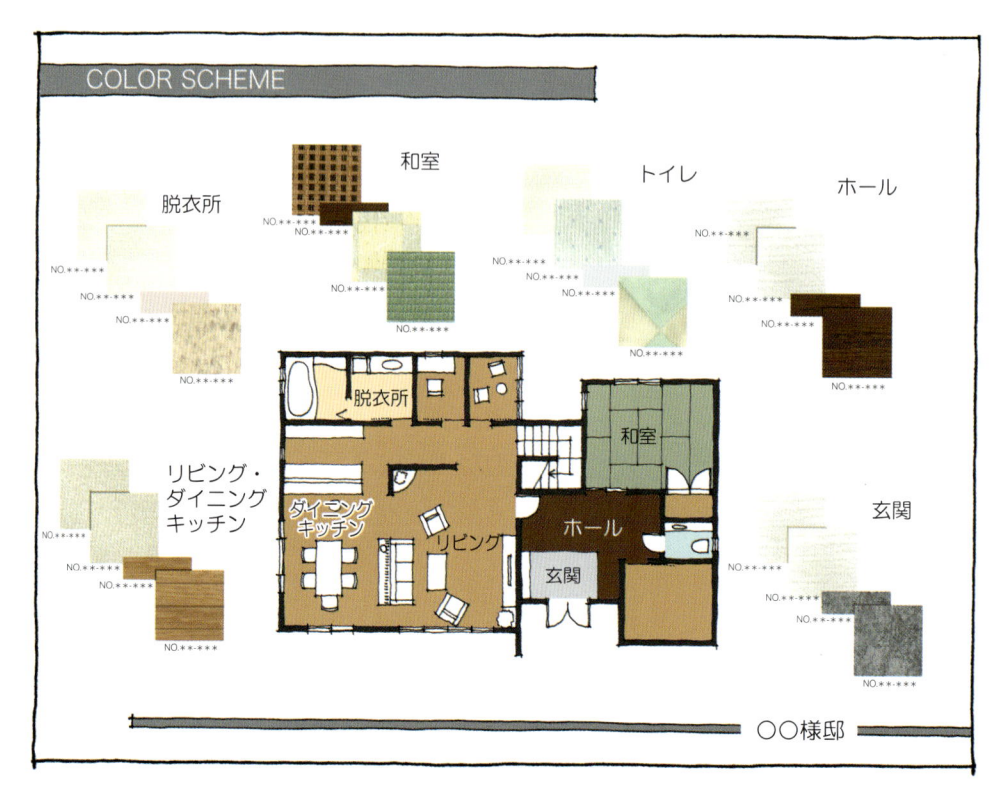

平面図に使用材料を併記することにより、より使用材料と部屋との関連がわかりやすくなり、クライアントとの打ち合わせの行き違いを防ぐことができます。

＊組み合わせると、こんな効果的なプレゼンボードが完成します！！

平面図とインテリアパースがあれば、提案する空間のイメージがつかみやすくなります。
デザイナーが不在の時でも、このボードを見るだけで、コンセプトや材料などを検討しやすくなります。

平面図の床材料に限り、現物見本を貼りつけたもの。
全体の床のつながりの中で材料、主にテクスチャーの検討に便利。
前もって計画しておけば、壁、天井の材料、色彩を決める時に大いに参考になります。

平面図、インテリアパース、さらにインテリアの床、壁、天井などの仕上げ材料を添付することにより、この部分のインテリアが完結します。
広さ、雰囲気、材料すべてを提示することになります。

○○様邸

平面図、外観パース、インテリアパースなど、主要なビジュアルがすべて入ったボード。
計画段階においてはかなり有効なプレゼンだと思われます。

1F平面図

外観パース

南立面図　　リビングルーム

○○様邸

◀ 4 ▶ 模型

　図面をもとにスチレンボードなどを貼り合わせてつくる白模型、着彩したもの、木製のもの、紙製のものなどさまざまです。もっともわかりやすいツールともいわれる反面、かなりの制作時間を要するのも事実です。

上部から全体の間取りが見えるよう、屋根はつけない方がよいとされています。
天井の高さを強調したい場合は壁を天井の高さまでつくっておくとわかりやすいでしょう。

壁面も一部は取り外せるようにすることによって、人の目線の高さで模型を見ることができます。

外壁を取り付けると外部からみた場合のインテリアなども想像しやすくなります。

11　プレゼンテクニック

◀ 5 ▶　CG

CADでアングルを決定してから、床、壁、天井などの仕上げ材料をマッピングして、空間に必要な構成をします。開口部から外の様子も少し入れておくとよいでしょう。

カーテン、家具、カーペットなどを配置していきます。仕上げ材によって、家具の映り込みなどが反映されるよう、この段階で設定しておきます。もちろん、家具の影なども忘れないように設定します。

クッションなどの小物や、絵画、観葉植物などを入れて完成です。床の映り込みや影など、パースとしての完成度はもちろんですが、最終段階として、この時点で、インテリアのレイアウトなど、現実的に検討の余地がないかどうかをよくチェックしたいものです。

■ その他　インテリアグリーン

　ベランダはあとまわしになりがちですが、さまざまな季節を楽しめる場所であり、庭のないマンション住まいの方にとっては憩いの場所ともいえます。
　工夫次第で、もう1つの部屋ともなりえます。

● 洋風例

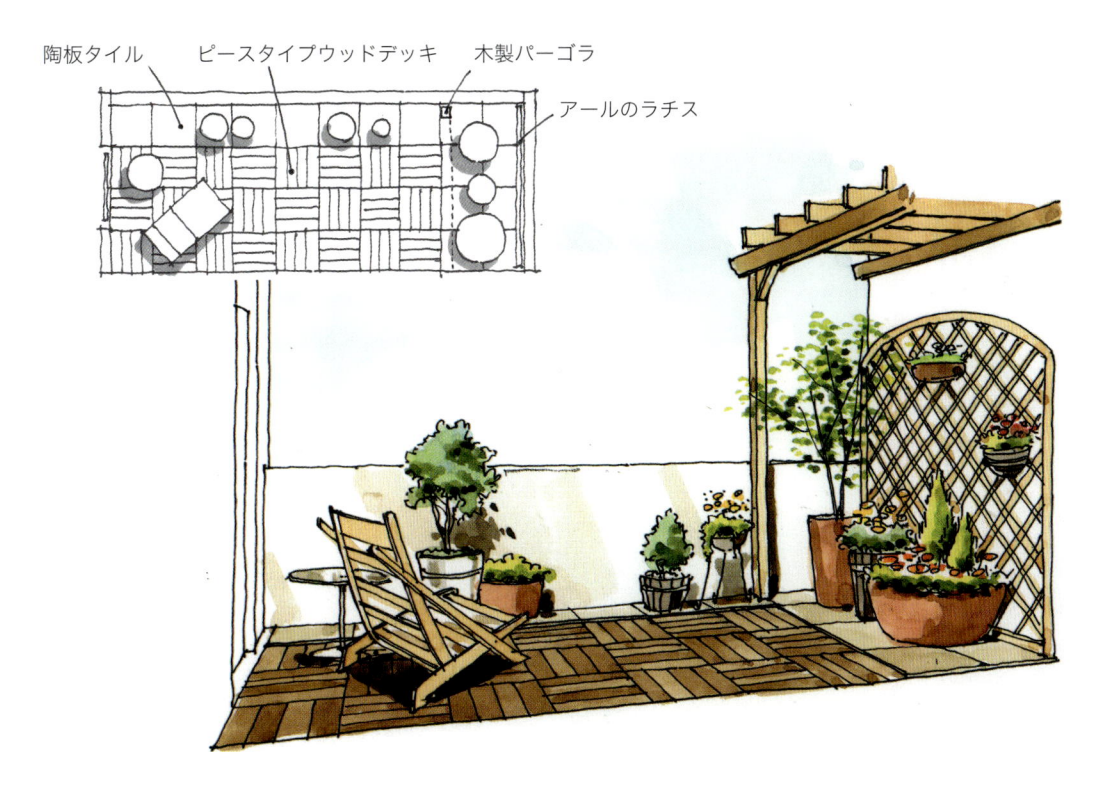

陶板タイル　ピースタイプウッドデッキ　木製パーゴラ
アールのラチス

● 和風例

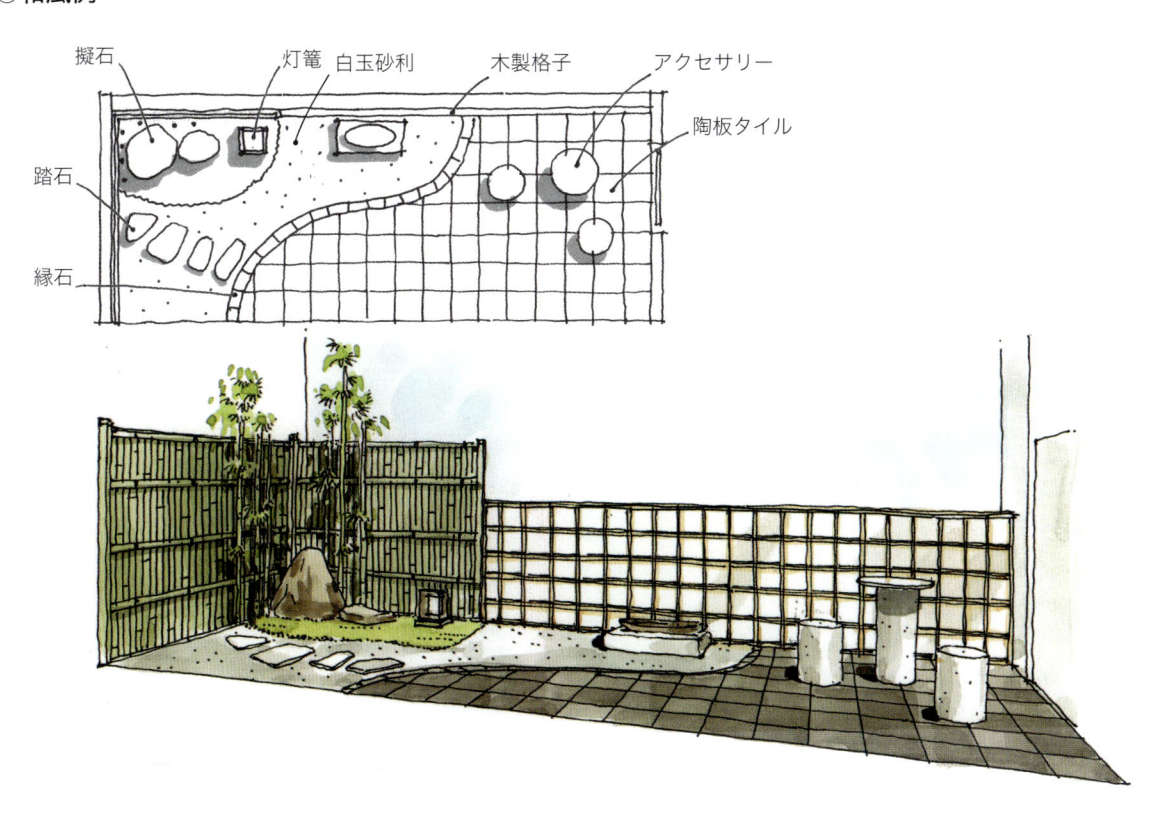

擬石　灯篭　白玉砂利　木製格子　アクセサリー
陶板タイル
踏石
縁石

11　プレゼンテクニック

1F平面図

リビングルーム

南立面図

〇〇様邸

おわりに

　この業界で長らく仕事をしてきました。その中で得た知識、仕事で積み重ねてきた技術を、できる限り基本的な部分に絞ってまとめてみました。コーディネーションの勉強をする方のそばに置いてもらえれば幸いです。

　インテリア産業協会をはじめ、多くのインテリアメーカーの方々にも大変ご協力をいただきました。ありがとうございました。

　学芸出版社の吉田編集長にお世話になる書籍もこれで13冊目となりました。遅々として進まない作業工程にも毎回お付き合いいただいておりますが、今回もまた、お礼のほか言葉が見つかりません。本当にありがとうございます。

　今後とも心優しい編集長として末永いお付き合いを願うばかりです。

宮後　浩

◆ブレーン
　イラスト・図案作成協力　：山本勇気（パースレンダラー）
　色彩監修・資料写真収集　：上松尚子（カラーコーディネーター）
　　　　　　　　　　　　　以上　コラムデザインセンタースタッフ
　コピー・編集　：重村千恵（ライター）
　CG作成　：中川雅仁（パースレンダラー）

JCOPY 〈(社)出版者著作権管理機構委託出版物〉
本書の無断複写（電子化を含む）は著作権法上での例外を除き禁じられています。複写される場合は、そのつど事前に、(社)出版者著作権管理機構（電話 03-5244-5088、FAX 03-5244-5089、e-mail: info@jcopy.or.jp）の許諾を得てください。
また本書を代行業者等の第三者に依頼してスキャンやデジタル化することは、たとえ個人や家庭内での利用でも著作権法違反です。

◆著者紹介
宮後　浩（みやご・ひろし）
㈱コラムデザインセンター代表取締役。㈱コラムデザインスクール学長。一般社団法人日本パーステック協会理事長。芸術学博士。
1946年大阪府生まれ。多摩美術大学デザイン学科インテリア専攻卒業。建築設計事務所を経て、1972年にコラムデザインセンターを創立。デザイン業務の傍ら、大学建築学科、各種学校等の講師も務める。2008年には、宝塚造形芸術大学大学院にて、芸術学博士号取得。2011年、永年にわたる建築パースの指導、並びに検定功労により、天皇陛下より「瑞宝単光章」叙勲授章。

▶連絡先：
㈱コラムデザインセンター
大阪市中央区南船場1-5-11　　TEL：06-6267-4631
E-mail：miyago@column-design.com
http://www.column-design.com

やさしいインテリアコーディネート

2008年7月30日　第1版第1刷発行
2025年3月20日　第1版第8刷発行

著　者　宮後　浩
発行者　井口夏実
発行所　株式会社　学芸出版社
　　　　〒600-8216　京都市下京区木津屋橋通西洞院東入
　　　　電話 075-343-0811／E-mail info@gakugei-pub.jp
　　　　http://www.gakugei-pub.jp/

印刷：イチダ写真製版　／　製本：新生製本
装丁：KOTO DESIGN Inc.
装画：OFFICE ROCA　堀みさ子

©宮後浩　2008　　　　　　　　　　Printed in Japan
ISBN978-4-7615-2436-4